»Unendlicher Friede«

Morihei Ueshiba, der Gründer des Aikidō, im Alter von 76 Jahren.

»Unendlicher Friede«

Die Biographie von Morihei Ueshiba,

Gründer des Aikidō

von John Stevens

Werner Kristkeitz Verlag

Sehr geehrter Leser,

*möchten Sie auch das weitere Programm des Verlags
kennenlernen? Wir unterrichten Sie gern
laufend über unser umfangreiches Angebot
und Neuerscheinungen über Aikido, Ki, Budo,
Zen und die Philosophie Ostasiens.
Schreiben Sie an: Werner Kristkeitz Verlag,
Heltenstr. 1, 6906 Heidelberg-Leimen.*

Werner Kristkeitz Verlag, Heltenstr. 1, 6906 Heidelberg-Leimen

Gedruckt in Deutschland

ISBN 3 921508 49 5

Vorwort

Morihei Ueshiba wird in der ganzen Welt als Gründer des Aikidō, der am weitesten entwickelten Kampfkunst unserer Zeit, verehrt. Das Bild des verklärten alten Meisters, der kaum 1,50 m groß war und mühelos eine ganze Reihe von strammen jungen Schülern zu Boden warf, ist vielen von uns vertraut. Wie kam es, daß dieser kleine Mann eine so ungeheure Stärke entwickeln konnte? Welche Geschichte steckt hinter seinen unübertroffenen Fähigkeiten? Welche Bedeutung hat seine einzigartige Botschaft für uns heute?

Ich habe mich bemüht, ein sehr genaues Bild des Lebens und der Zeit, in der der Gründer des Aikidō lebte, zu zeichnen. Mich interessierten dabei eher die Gründe seines Strebens, seine Lehre und seine Methodik, und nicht so sehr Zeit und Ort der Geschehnisse. Dabei stand die Auseinandersetzung mit Menschen, Ereignissen und Ideen, die den Meister am stärksten beeinflußt haben, im Vordergrund.

Nach Durchsicht der umfangreichen und häufig widersprüchlichen Literatur und der mündlichen Überlieferungen habe ich die vorliegende Biographie zusammengestellt. Sie soll auf die Fragen »Wer war Morihei Ueshiba, und worin bestand seine Lehre?« Antwort geben.

Teil 1

Der Mensch

»Ich bin das Universum«

Morihei Ueshiba

1

Zweieinhalb Jahrhunderte lang wurde Japan durch das Tokugawa-Shōgunat, das den Bürgern ein rigides System staatlicher Kontrollen aufzwang, vom Rest der Welt isoliert. Nach einer Reihe von politischen und sozialen Umwälzungen geriet die Militärregierung im 19. Jahrhundert jedoch ins Wanken und wurde schließlich 1868 gestürzt, als der junge Kaiser Meiji die Wiedereinsetzung der kaiserlichen Herrschaft verkündete. Es folgte ein erbitterter Machtkampf zwischen den verschiedenen politischen Gruppierungen. Erst im Jahre 1877, nach der Niederlage von Takamori Saigos zähen Samurai-Kriegern, konnte das Land wieder vereinigt werden.

Eine von Grund auf neu zu errichtende Staatsordnung war nun das Gebot der Stunde. Erstaunlich viele talentierte Männer und Frauen, die jetzt nicht mehr unter der Unterdrückung durch das Shōgunat zu leiden hatten, fühlten sich auf den Plan gerufen und nahmen die Herausforderung an. Ein gängiges Sprichwort aus dieser Zeit lautete: »Wenn der Geist stark ist, können wir sämtliche Aufgaben meistern.« Damit war eine Ära der Erneuerung auf allen Gebieten menschlicher Bestrebungen eingeläutet: alte Pfade mußten wieder grundsätzlich überdacht und erneuert werden.

Auf diesem spannenden Hintergrund voller neuer Aufgaben, Experimente und Chancen wurde Morihei Ueshiba am 14. Dezember 1883 geboren.

Moriheis Eltern, die bereits drei Töchter hatten, waren natürlich hoch erfreut über die Geburt ihres ersten (und, wie sich später herausstellte, einzigen) Sohnes und betrachteten ihn als Geschenk der Götter. Moriheis kräftig gebauter, 40jähriger Vater namens Yoroku, ein wohlhabender Bauer und Lokalpolitiker, stammte von einem Samurai ab; sein Großvater Kichiemon war berühmt für seine ungeheure Stärke und seine Fähigkeiten auf dem Gebiet der Kampfkünste. Moriheis Mutter Yuki — entfernt verwandt mit dem Takeda-Clan, den Hütern einer langen Tradition der Kampfkünste — war eine gebildete Frau, die sich eingehend mit Literatur, Kunst und Religion beschäftigte. Moriheis Geburtsort, das Fischer- und Bauerndorf Tanabe in Kii (der heutigen Präfektur Wakayama), lag im Herzen eines Gebietes, das mit den ältesten Spielarten japanischen Mystizismus in Verbindung gebracht wurde. Dieser Distrikt, der als Kumano bekannt ist, wurde als »Tor zur göttlichen Welt« betrachtet. Bereits seit den Anfängen japanischer Geschichte hielt man die bedeutenden Schreine in den Bergen von Kumano für die heiligsten Stätten des ganzen Landes. Selbst die Kaiser von Kyōto unternahmen Pilgerreisen zum Kumano-Schrein, um dort dessen besonderen Segen zu empfangen. Die bedeutende Berggottheit von Kumano wurde in unzähligen *Jinja* (Schreinen) überall in der Region bewahrt und verehrt; im Laufe der Jahrhunderte haben Hunderte von Heiligen an den geheiligten Wasserfällen von Nachi, dem Sitz der allmächtigen Drachenkönige, rituelle Waschungen praktiziert; der Zauberer En-no-Gyōja, der große Patriarch der Bergasketen, übte in der Nähe seine Zauberkünste aus, und Kōbō Daishi, ein Meister des Tantrischen Buddhismus, soll dort gelebt haben. Man glaubte, er würde auf dem »Mandalagipfel« des Berges Kōya meditieren und auf das Anbrechen des neuen Zeitalters warten, nämlich der Ankunft von Miroku Buddha, dem Erleuchteten der Zukunft. Morihei war daher von Geburt an eingetaucht in eine Atmosphäre, in der das Übernatürliche, das Mysteriöse und das Göttliche überall spürbar waren.

Morihei war eine Frühgeburt und infolgedessen als Kind ziemlich anfällig und kränklich. Doch recht früh schon zeigte er ein fast unstillbares Interesse an esoterischer wie auch exoterischer Wissenschaft. Der Junge verschlang Hunderte von Büchern über alle möglichen Themen, besonders aber faszinierten ihn Mathematik und Physik. Im Alter von ungefähr sieben Jahren schickte man Morihei in eine Tempelschule am Ort, wo er bei einem Priester chinesische Altphilologie studierte. Morihei war aber recht bald der trockenen, moralisierenden Texte aus dem Konfuzianismus überdrüssig und flehte den Shingon-Priester an, ihm Geschichten von Kōbō Daishis großen Wundern zu erzählen und ihn die esoterischen Shingon-Riten, Meditationstechniken und geheimen Gesänge zu lehren.

Im Shingon-Buddhismus werden die tantrischen Methoden der Erkenntnis angewendet: umfangreiche Rituale, geheime Visualisierungen und die reichhaltigen sinnlichen Elemente der Kunst, Musik und des eigenen Körpers, um die Erleuchtung im gegenwärtigen Leben voranzutreiben. Das Shingon verwendet insbesondere viele Mantras aus dem Sanskrit und spektakuläre Zeremonien wie beispielsweise *Goma*, ein Feuerritual. Der für außergewöhnliche Eindrücke sehr empfängliche junge Bursche saugte diese heiligen Überlieferungen förmlich in sich auf. Sie prägten auch sein späteres Denken als Erwachsener.

Zusätzlich zu der Lehre des Shingon-Buddhismus wurde Morihei ein leidenschaftlicher Anhänger der Naturgottheiten des Shintō in Kumano. Er verbrachte einen großen Teil seiner freien Zeit in den Bergen und erforschte dort die heiligen Stätten. Zeit seines Lebens war er der festen Überzeugung, daß ihn die Schutzgottheiten von Kumano beschützten.

Moriheis Vater Yoroku war sehr besorgt um die schwächliche Konstitution seines Sohnes, der zudem recht nervös veranlagt war. Deshalb ermutigte er Morihei, *Sumō* zu trainieren und laufen und schwimmen zu gehen. Der Junge schloß sich auch den Fischern aus dem Ort an und entwickelte sich bald zum Meister der Harpune. Unter den wachsamen Augen von Yoroku und einem Schullehrer, der sich besonders um den ungewöhnlichen Jungen kümmerte, konnte Morihei allmählich seinen Körper kräftigen. Als der Junge sich der Kraft bewußt wurde, die in ihm schlummerte, träumte er davon, eines Tages der stärkste Mann der Welt zu werden. Er härtete seine Haut ab, indem er sich täglich mit eiskaltem Wasser duschte und seine Freunde bat, ihn mit stacheligen Kastanien zu bewerfen. Er wurde bald so stark, daß man sich an ihn wandte, wenn ein krankes Kind zum Arzt in die nächste Stadt gebracht werden mußte. Morihei trug das Kind dann mehr als fünfzig Kilometer auf seinem Rücken.

Eines Nachts, als der Junge miterlebte, wie Yoroku eine Gruppe von Schlägern erfolgreich bekämpfte, die von seinen politischen Rivalen geschickt worden waren, um ihn zu schikanieren, wurde dem jungen Morihei endgültig klar, wie notwendig es ist, ausreichende körperliche Kraft zur Verfügung zu haben.

Im Jahre 1896 besuchte der damals dreizehnjährige Morihei die kurz zuvor eröffnete Mittelschule in Tanabe, verließ sie aber bereits nach einem Jahr. Er war viel zu ungeduldig, als daß er einem festgelegten Lehrplan hätte folgen mögen; zudem haßte er es, den ganzen Tag in einen Raum eingesperrt zu sein. Morihei schrieb sich danach in der hochangesehenen Abakus-Akademie ein. Aufgrund seines messerscharfen Verstandes und seiner großen Geschicklichkeit konnte er bereits im darauffolgenden Jahr als Assistent eingesetzt werden.

Nach erfolgreichem Abschluß der Akademie arbeitete Morihei als Rechnungsprüfer bei der örtlichen Steuerbehörde. Er führte seine Arbeit so gewissenhaft und so gut aus, daß er schon bald das Angebot bekam, sich in die Dienststelle nach Tōkyō versetzen zu lassen. Morihei, der nicht im entferntesten vorhatte, den Rest seines Lebens als »Bleistiftanspitzer« zu verbringen, lehnte aber seine Ernennung ab und kündigte kurz darauf seine Stelle, um gemeinsam mit den unter Druck geratenen

Fischern in Tanabe gegen ein kurz zuvor verabschiedetes Fischereigesetz eine Widerstandsbewegung zu organisieren. Gewisse wohlhabende Unternehmer und korrupte Beamte benutzten dieses Gesetz dazu, die Konkurrenz von Seiten der mittellosen Fischer auszuschalten. Ein entrüsteter siebzehnjähriger Morihei machte sich seine Kenntnisse der Steuergesetze zunutze, um seine Nachbarn zu verteidigen und sie auch vor drohenden Vergeltungsmaßnahmen zu schützen. Wie die Sache letztlich ausging, ist nicht ganz klar, aber Morihei hatte allen zu erkennen gegeben, daß er nicht zu denjenigen gehörte, die tatenlos am Spielfeldrand sitzen und sich aus Konflikten heraushalten.

Moriheis bewundernswerter Aktivismus rief jedoch bei seinem Vater, der ja im Stadtrat saß, recht große Bestürzung hervor. Yoroku bot Morihei eine beträchtliche Summe Geldes an und schlug ihm vor, mit dem Geld eine Beschäftigung zu suchen, für die er geeignet sei und die ihm gefiele. Obwohl Morihei sich noch nicht über seine Berufung klar war, gehörte er jedoch noch zu den Träumern und war mit seinem Leben in dem abgelegenen Dorf nicht zufrieden. So beschloß er, in der großen Metropole Tōkyō zu Ruhm und Reichtum zu gelangen.

Innerhalb weniger Monate nach seiner Ankunft in Tōkyō Ende 1901 eröffnete Morihei einen kleinen Schreibwarenladen mit mehreren Angestellten, aber sein Herz gehörte nicht der Geschäftswelt. Als er aufgrund schlechter Ernährung an Beri-Beri erkrankte, verteilte er das restliche Warenlager an seine Angestellten, gab das

Geschäft auf und kaufte mit seinem letzten Yen eine Fahrkarte erster Klasse zurück nach Tanabe, wo er seinen entsetzten Vater mit den Worten begrüßte: »Nun, ich habe Tanabe mittellos verlassen, und ich komme mittellos zurück!«

Morihei hat sich während seines kurzen Aufenthaltes in Tōkyō vielleicht nicht als guter Kaufmann erwiesen, aber er hat dort etwas anderes entdeckt: seine Liebe zu den Kampfkünsten. Er war begeistert vom *Jūjutsu*-Unterricht im Tenjin-shinyō-ryū*) unter einem Lehrer namens Takisaburō Tobari und schwärmte von seinen Besuchen eines *Dōjō* des Shinkage-ryū.

Der neunzehnjährige Morihei konnte in der frischen Luft und mit dem reichhaltigen Essen in Tanabe bald seine Gesundheit wiederherstellen. Im Jahre 1902 heiratete er Hatsu Itogawa, eine entfernte Verwandte, und wurde im darauffolgenden Jahr zu den japanischen Streitkräften einberufen.

Einer der wesentlichen Gründe, warum das Shōgunat 1868 zusammengebrochen war, bestand darin, daß es nicht gelungen war, die »ausländischen Barbaren« aus dem Lande zu scheuchen, die gefordert hatten, daß Japan dem Handel mit dem Westen seine Türen öffnete. Die Nation, die in vielen Bereichen noch in den Kinderschuhen steckte, war gezwungen, eine Reihe von ungleichen Verträgen abzuschließen. Die neuen Führer, die darauf bedacht waren, eine Kolonialisierung durch westliche Mächte zu verhindern, begannen überstürzt mit dem

---

Ryū bezeichnet einen Zweig (eine Schule) in den Kampfkünsten.

Aufbau des japanischen Militärs.

Um 1880 fühlte sich die japanische Regierung stark genug, gewisse Verträge neu zu verhandeln und, dem Geist der Zeit entsprechend, es selbst einmal mit etwas Imperialismus zu versuchen. Eine Gruppierung sprach sich für »friedliche« Expansionspolitik durch wirtschaftliche Zusammenarbeit aus, während die militärische Führung natürlich eher darauf bedacht war, sich auf weniger friedliche Abenteuer einzulassen.

Als die Westmächte um 1890 damit begannen, in China einzufallen, gewannen die japanischen Militärs in der Regierung die Oberhand und intervenierten unter dem Vorwand, Korea vom Joch der Unterdrückung durch die Chinesen befreien zu wollen, im Jahre 1894 auf dem Festland. Sehr zum Erstaunen der gesamten restlichen Welt verpaßte Japan — im Jahre 1868 eine praktisch schutzlose Gruppe von kleinen Inseln — in diesem Krieg dem riesigen China eine gehörige Niederlage und diktierte im Jahre 1895 die Bedingungen eines für Japan äußerst günstigen Friedensvertrages.

Als Japan aus diesem Krieg als erste Macht Asiens hervorging, waren die westlichen Alliierten alarmiert; Rußland, Frankreich und Deutschland schüchterten Japan in der Folge derart ein, daß es auf den größten Teil des durch den Krieg hinzugewonnenen Gebietes in der Mandschurei verzichtete.

Japan war zu jenem Zeitpunkt zwar nicht stark genug, diese Länder herauszufordern, aber die japanische Militärführung gelobte insgeheim, die erlittene Demütigung zu rächen. Über 55 Prozent des gesamten Staatshaushaltes wurden daraufhin in die Streitkräfte und die Rüstung gesteckt. Morihei war einer von Tausenden von Rekruten, die in die Reservearmee einberufen wurden.

Allerdings entsprach Moriheis Körpergröße nicht den Mindestanforderungen von 1,57 m, und er wurde deshalb ausgemustert. Bitter enttäuscht zog er sich in abgelegene Berge zurück und trainierte wie ein Besessener, um seine Wirbelsäule um die fehlenden 2 cm zu strecken. Stundenlang ließ er sich mit schweren Gewichten an den Beinen von Bäumen herunterhängen.

Stolz und zufrieden bestand Morihei im darauffolgenden Jahr den physischen Test und wurde einem in Osaka stationierten Regiment zugeteilt. Morihei war damals von einem starken Konkurrenzdenken geprägt und fühlte sich dazu getrieben, seine geringe Körpergröße zu kompensieren, und so tat er sich in seiner militärischen Karriere hervor. Er war außergewöhnlich flink und leichtfüßig und war der einzige Infanterist im ganzen Regiment, der auf den Märschen von 25 km mit Offizieren zu Pferde mithalten konnte. Morihei war auch der Beste im Sumō und beim Bajonettkampf.

Morihei benutzte seinen Kopf — im wörtlichen Sinne —, um sich in der Armee einen Namen zu verschaffen. Einige Jahre zuvor hatte er seinen Schädel empfindungsloser gemacht, indem er hundert Mal täglich mit dem Kopf gegen eine Steinplatte schlug. Die Offiziere in der damaligen japanischen Armee waren dafür berüchtigt, wegen kleinster Vergehen ihre Untergebenen unerbittlich mit Schlägen auf den Kopf zu traktieren. Etliche jähzornige Offiziere brachen sich die

Fingerknöchel an Moriheis steinhartem Schädel, und schwergewichtige Schlägertypen, die auf dem winzigen Soldaten herumprügeln wollten, schlug Morihei mit einem einzigen Schlag bewußtlos. (Fünfzig Jahre später wurde Morihei während einer Vorführung mit voller Wucht durch ein Holzschwert am Kopf getroffen; trotz eines gewaltigen ›Bonk!‹ waren die Zuschauer sehr erstaunt, als Morihei den Schlag mit einem Lachen abtat und sagte: »Mein alter Schädel ist doch durch nichts zu erschüttern!«)

Der Krieg mit Rußland brach im Februar 1904 aus. Morihei war in der Mandschurei stationiert, aber die eineinhalb Jahre, die er dort verbrachte, liegen im Dunkeln. Trotz vager Andeutungen in den detaillierten Aufzeichnungen des Militärs hat Morihei offenbar nie an der Front gekämpft. Anscheinend hatte Yoroku heimlich Moriheis Vorgesetzte gebeten, den einzigen Sohn nicht an die Front zu schicken. (In seinen letzten Lebensjahren hat Morihei seinen Militärdienst in China mit Ereignissen verwechselt, die erst viel später während des »Mongolischen Abenteuers« passiert sind.) Angeblich wurde Morihei von seinen Vorgesetzten dringendst ersucht, das Militär zu seinem Beruf zu machen, aber er lehnte ab und bat, als sein Regiment nach Japan zurückkehrte, um seine reguläre Entlassung.

Nach seiner Entlassung aus der Armee war Morihei krank und deprimiert. Die Konfrontation und Auseinandersetzung mit dem Tod und der Zerstörung durch Krieg — Japan ging zwar als Siegermacht aus dem Konflikt hervor, aber die erbitterten Kämpfe hinterließen auf beiden Seiten riesige Verluste an Menschenleben — müssen ihn sehr getroffen haben.

Während seiner Militärzeit schrieb sich Morihei im Dōjō von Masakatsu Nakai ein, einem *Jūjutsu*-Lehrer des Yagyū-ryū, das sich in Sakai befand. An seinen freien Tagen trainierte Morihei im Dōjō, und nach seiner Entlassung aus der Armee pendelte er regelmäßig zwischen Sakai und Tanabe. Schließlich wurde er im Jahre 1908 mit einer Lehrerlaubnis belohnt. Yoroku hatte mittlerweile ein Dōjō auf dem Grundstück der Familie gebaut und den berühmten Lehrer Kiyoichi Takagi (später Lehrer 9. Dan des Kōdōkan-Jūdō) eingeladen, dort zu unterrichten. Morihei trainierte eifrig und vergrößerte so sein Wissen und sein Können in den klassischen Kampfkünsten.

Nun hatte Morihei bei seinen Studien der Kampfkünste große Erfolge und Fortschritte zu verzeichnen und seine bereits hervorragende körperliche Stärke weiter ausgebaut. Dennoch fühlte er sich geistig unausgeglichen, ja sogar gequält. Manchmal verschwand er tagelang in den Bergen, fastete oder unternahm andere asketische Praktiken und schwang Stunden um Stunden sein Schwert. Jeden Tag wusch er sich in eiskalten Wasserfällen oder in der stürmischen See. Seine Familie und seine Freunde empfanden ihn als distanziert und verschlossen. Etwas bekümmerte ihn.

Um 1909 engagierte Morihei sich leidenschaftlich in der Protestbewegung gegen die von der Regierung verabschiedete Verordnung über die Zusammenlegung von Schreinen und kam unter den Einfluß des exzentrischen

Pädagogen Kumakusa Minakata (1867-1941). Dieses Treffen gehörte zu den ersten der vielen »Begegnungen mit bemerkenswerten Menschen«, die Morihei sein ganzes Leben lang beschert wurden. Als junger Mann hatte Minakata in den Vereinigten Staaten Naturwissenschaften studiert, einige Zeit auf Kuba und den Westindischen Inseln verbracht und war schließlich nach England gegangen. Dort wurde er Professor für Japanologie an der Universität von Cambridge und erwarb sich einen Ruf als scharfsinniger Wissenschaftler, der auf vielen Gebieten Forschungen betrieb und wertvolle Beiträge zur Archäologie, Anthropologie und dem Studium östlicher Religionen lieferte. Er hatte engen Kontakt zu dem buddhistischen Gelehrten D.T. Suzuki, der damals in den USA lebte, und übersetzte mehrere japanische Klassiker ins Englische.

Nachdem Minakata achtzehn Jahre im Westen verbracht hatte, kehrte er 1904 nach Tanabe zurück, um zu lehren und zu schreiben. Mehrere Jahre nach seiner Rückkehr kündigte die Regierung nun das Gesetz über die Zusammenlegung von Schreinen an. Sie hatte nämlich die weitläufigen Gebiete im Auge, die sich im Besitz vieler örtlicher Schreine befanden und plante, die kleineren mit den größeren zusammenzuschließen, um das »überschüssige« Gelände für Bauprojekte unter ihre Kontrolle zu bekommen. Als Naturforscher war Minakata verständlicherweise gegen diese Politik, die zur Zerstörung von Naturschutzgebieten geführt und jahrhundertealte religiöse Traditionen zunichte gemacht hätte. Minakata organisierte eine Protestbewegung und gewann unter anderem auch Moriheis Unterstützung. Dieser sprang begeistert auf den fahrenden Zug auf, hielt Reden, führte Demonstrationen an, richtete Petitionen an die Regierung und verhandelte mit den betroffenen Behörden.

Minataka, der seine hitzigen Reden und seine beißende Kritik häufig durch reichlichen Genuß von Reiswein verstärkte, wurde aufgrund eines unmäßigen Ausbruchs mehrere Wochen lang im Gefängnis festgehalten. Jedoch mit solch getreuen und überzeugten Mitstreitern wie Morihei konnte sich Minakatas Gruppe durchsetzen, und das Dorf Tanabe verlor nur sehr wenige Schreine.

Der dynamische Minakata — ein Mann mit einem unstillbaren Wissensdurst, ein Visionär und Internationalist — klärte Morihei über die vielfältigen Wunder und Herausforderungen auf, die die Welt denjenigen bot, die den Mut hatten, danach zu suchen.

Als Moriheis erstes Kind, eine Tochter mit Namen Matsuko 1910 zur Welt kam, änderte Morihei seine Lebenseinstellung in gewissem Sinne. Mit Begeisterung reagierte er auf die Reisebeschreibung eines Freundes, der nach Hokkaidō gereist war und Morihei in glühenden Farben die Möglichkeiten schilderte, die diese Insel bot. Morihei organisierte gleich darauf eine Besichtigungsreise in die entfernte Provinz. Nach einem Treffen mit dem Gouverneur von Hokkaidō und einer Fahrt um die gesamte riesige Insel entschied Morihei sich für den gut bewässerten Distrikt von Shirataki im nordöstlichen Teil der Insel, den er als geeigneten Ort für eine dauerhafte Besiedelung ansah.

Nach seiner Rückkehr nach Tanabe organisierte Morihei eine Anwerbungskampagne für sein Projekt. Weder Landwirtschaft noch Fischerei versprachen den zweiten und dritten Söhnen der Familien in Tanabe eine besonders aussichtsreiche Zukunft, und einige Veteranen aus dem Russisch-Japanischen Krieg waren wild darauf, sich auf ein neues Abenteuer einzulassen. Insgesamt schrieben sich 52 Familien, bestehend aus 84 Personen, für das Unternehmen ein. Da nur wenige Mitglieder über nennenswerte Ersparnisse verfügten, stellte Moriheis Vater wieder einmal die notwendigen Gelder zur Verfügung. Am 29. März 1912 machte sich die Gruppe auf den Weg in die neue Heimat.

Als die Auswanderer Tanabe verließen, tanzten Kirschblüten in der lauen Frühlingsbrise; aber als sie am Kitami-Gebirge auf Hokkaidō ankamen, wurden sie von einem Schneesturm begrüßt. Das war kein vielversprechender Anfang. Die Gruppe brauchte einen ganzen Monat, um den tückischen, vereisten Bergpass zu überqueren, und erst am 20. Mai kamen sie an dem Ort an, den sie für ihre neue Gemeinde ins Auge gefaßt hatten. Als allererstes brauchten sie natürlich ein Dach über dem Kopf, und als die ersten Gebäude dann endlich fertiggestellt waren, war es bereits zu spät, um für die ersten Anpflanzungen Land zu roden. Es gelang den Siedlern zwar im darauffolgenden Jahr, das umliegende Land zu kultivieren, aber die Ernte war recht mager, und während der ersten drei Jahre ernährten sich alle von Kartoffeln, wild wachsendem Gemüse und Fisch, der in den umliegenden Flüssen geangelt wurde. Als Leiter der

Expedition war Morihei natürlich Zielscheibe der Kritik von Seiten der verärgerten und unzufriedenen Siedler. Deshalb arbeitete Morihei Tag und Nacht fast ohne Pause, um die ärgsten Mißstände zu beheben.

Im Jahre 1915 konnte man dann weitaus bessere Ernteerträge verzeichnen, und die Holzindustrie warf erste Profite ab. Um die Wirtschaft am Ort anzukurbeln, half Morihei beim Aufbau der Molkerei, der Pferdezucht und dem Bergbau; ebenso organisierte er die Amtsstellen für Gesundheit, Hygiene und Erziehung des Dorfes. 1917 zerstörte ein verheerendes Feuer das gesamte Dorf einschließlich Moriheis Haus, und das war natürlich ein schwerer Rückschlag. Wiederum arbeitete Morihei unermüdlich, um alles wieder aufzubauen. Er wurde in den Dorfrat gewählt und verschaffte sich im gesamten Distrikt großen Respekt als verantwortlicher und erfolgreicher Leiter und Organisator. Die Zeit in Shirataki war im Grunde die einzige Zeit, in der Morihei ein mehr oder weniger konventionelles Leben führte. Er war sich sehr wohl darüber im klaren, daß der Erfolg des gesamten Projektes zum größten Teil von ihm abhing, und so erwies sich der normalerweise eigenbrötlerische, absolut unberechenbare Morihei als praktisches, umsichtiges und kluges Organisationstalent.

Während der ersten Jahre in Shirataki bestand Moriheis Training in den Kampfkünsten vor allen Dingen aus Kämpfen mit riesigen Baumstämmen und der Abwehr von Wegelagerern, denen er häufig auf seinen einsamen Streifzügen begegnete. (Morihei ging zwar mit gewöhnlichen Kriminellen und geflohenen

Sträflingen recht hart ins Gericht, aber er behandelte die Arbeiter, die von ihren Dienstherren weggelaufen waren — es waren praktisch Sklaven, die unter einem Vorwand nach Hokkaidō gelockt wurden — voller Mitgefühl und bezahlte für Dutzende von ihnen ein Lösegeld oder erwirkte auf andere Art ihre Freilassung.) Morihei erwies sich auch als sehr geschickt im Umgang mit wild umherstreunenden Bären. In aller Ruhe teilte er seine Berghütte und sein Essen mit den riesigen Tieren, und man erzählte sich, daß die Bären Morihei auf seinem Weg vom Berg hinunter begleiteten, wenn er ins Dorf zurückkehrte.

Während seiner Zeit auf Hokkaidō war Morihei richtiggehend versessen auf körperliche Kraft und Ausdauer. Ohne fremde Hilfe fällte er pro Jahr 500 Bäume, riß Baumstümpfe mit bloßen Händen aus der Erde, zerbrach dicke Äste auf seinem Rücken und spielte mit Zugpferden Tauziehen. Er meditierte im Freien und duschte sich weiterhin täglich mit eiskaltem Wasser ab, selbst in den frostigsten Wintern; Morihei brachte sich selbst bei, wie man innere Wärme erzeugen kann, ähnlich den tibetischen Einsiedlern. Er berichtete seinen Schülern, daß die Stelle am Fluß, an der er sich täglich wusch, selbst in der kältesten Jahreszeit niemals zufror!

Es gab aber auch etwas Amüsantes zu berichten. Morihei hatte in jener Zeit eine Geliebte, ein junges Mädchen aus Tanabe, die sich in der ersten Zeit auf Hokkaidō zärtlich und liebevoll um den schroffen Mann kümmerte. Das geschah wohl zum ersten und einzigen Mal in seinem Leben, das ansonsten sehr streng und geradlinig verlief. Der Liebesaffäre wurde aber mit der Ankunft von Moriheis Frau in Shirataki ein abruptes Ende gesetzt. Hatsu war nämlich in Wakayama geblieben, solange die entsprechenden Unterkünfte in Shirataki noch nicht fertiggestellt waren.

Das bedeutsamste Ereignis während Moriheis Aufenthalt auf Hokkaidō war sein Zusammentreffen mit Sōkaku Takeda, dem gefürchteten Meister des Daitō-ryū Aikijutsu.

Sōkaku Takeda, der letzte Krieger alter Schule, wurde 1860 in Aizu, in der heutigen Präfektur Fukushima geboren. In einem Land unbeugsamer Samurai galten Aizu-Krieger als die Gefürchtetsten. Die gesamte Provinz war eine »Schatzgrube der Kampfkünste«. Überall in Aizu gab es Übungshallen, in denen Kampfkünste jeder erdenklicher Art gelehrt wurden.

Sobald der kleine Sōkaku laufen konnte, bekam er Unterricht im Schwertkampf, Bajonettkampf, Kampfjūjutsu und Sumō durch seinen äußerst strengen Großvater Sōemon und seinen Vater Sōkichi, die, wenn Sōkaku eine Technik nicht schnell genug beherrschte, ihm zur Strafe die Finger versengten. Glücklicherweise stellte sich aber heraus, daß Sōkaku fast ein Wunderkind war, der nichts anderes als die Kampfkünste im Kopf hatte.

Im Alter von dreizehn Jahren wurde Sōkaku zu Toma Shibuya in die Lehre geschickt. Er sollte bei ihm die Schwertkunst des Ono-ittō-ryū lernen; vier Jahre später stellte die Schule ihm eine Lehrdiplom aus. Den offiziellen Aufzeichnungen des Daitō-ryū zufolge wurde

Sōkaku anschließend Schüler des gefeierten Meisters Kenkichi Sakakibara des Jikishinkage-ryū; jedoch gibt es in den Annalen jener Schule keine Belege über Sōkakus Unterricht, und da sich Sōkaku später ziemlich abschätzig über Sakakibara äußerte, ist es recht schwierig zu ermitteln, in welchem Ausmaß, wenn überhaupt, Sōkaku unter Sakakibara trainierte. Angeblich schickte Sakakibara Sōkaku zu Shunzō Momonoi, dem Leiter des Kyōshinmei-ryū in Osaka; aber auch hier brüstete sich Sōkaku später damit, Momonoi »in jedem zweiten Kampf« besiegt zu haben.

Als junger Mann muß Sōkaku wohl von Übungshalle zu Übungshalle gewandert und ziemlich viel Unruhe gestiftet haben. Anscheinend hat er nie längere Zeit bei einem Meister studiert. 1875 starb plötzlich Sōkakus älterer Bruder, und der junge Schwertkämpfer wurde nach Aizu zurückgerufen, um dort die erbliche Stellung eines Shintō-Priesters einzunehmen. Sōkaku sollte unter dem ausgezeichneten Priester Saigō Tanomo studieren, der gleichzeitig ein Gelehrter von hohem Rang und ein Meister der Kampfkünste war. Er war zufälligerweise auch der letzte Mann, der in der Lage war, die geheimen *Oshiki-uchi*-Techniken des Takeda-Clans zu lehren.

Tanomo, der oberste Berater der Regierenden in Aizu, war einer der wenigen, der die Aizu-Führer drängte, sich der neuen Meiji-Regierung nicht zu widersetzen. Tanomo wurde leider überstimmt. Hunderte seiner Landsmänner kamen in der nun folgenden stürmischen, aber letzendlich fruchtlosen Rebellion gegen die kaiserliche Armee 1868 um. Während des letzten großen Angriffs wurde Tanomo nach Hakodate auf Hokkaidō entsandt, um den allerletzten Versuch einer Verteidigung durch die dem Tokugawa-Regime verbliebenen Loyalisten zu organisieren. Inzwischen hatten die kaiserlichen Soldaten die Verteidiger in Aizu bereits überwältigt; als sich der Feind dem Grundstück der Familie Tanomos näherte, begingen seine Mutter, seine Frau, seine vier Töchter und vierzehn weitere Mitglieder des Haushaltes Massenselbstmord, um der Schande der drohenden Gefangennahme zu entgehen. Es wird erzählt, daß ein persönlicher Berater von Tanomo zum Ort des Geschehens eilte und dort eine der vier Töchter noch lebend vorfand. »Freund oder Feind?« flüsterte sie. Als das Mädchen die Antwort »Freund!« hörte, verlangte sie ruhig und gefaßt von dem Soldaten, sie mit einem Dolchstoß durchs Herz zu töten, und so folgte sie ihrer Mutter und ihren Schwestern in einen ehrenwerten Samuraitod.

Tanomo wußte nichts vom Schicksal seiner Familie und wurde auf Hokkaidō verhaftet, später aber dann von der neuen Regierung begnadigt, die seine Fähigkeiten erkannt hatte. Danach war Tanomo in verschiedenen Distrikten Shintō-Priester und inoffizieller Regierungsberater. Dem Geist der Zeit entsprechend beschloß er, die überragenden *Oshiki-uchi*-Techniken, die den Kriegern von Aizu zugute gekommen waren, zu systematisieren und in der ganzen Welt zu lehren.

Als Tanomo erkannte, daß Sōkaku sich gar nicht zum Shintō-Priester eignete — der »Teufelskrieger« war nahezu Analphabet und viel zu fixiert auf das Training der Kampfkünste, als daß er mit Lesen und Schreiben Zeit verschwenden wollte —, fing er an, seinen Schützling in die *Oshiki-uchi*-Techniken zu unterweisen. Aber selbst dann betrachtete Tanomo Sōkaku bei der Wahl seines Nachfolgers nur als seinen zweitbesten Mann.

Tanomo hatte nämlich ursprünglich seine Lehre seinem Adoptivsohn — manche behaupteten, er sei ein uneheliches Kind — Shirō (1872-1923) übermittelt. Shirōs Begabung weckte später die Aufmerksamkeit von Jigorō Kanō, der den jungen Kampfkunstexperten für sein neu eröffnetes Übungszentrum des Kōdōkan-Jūdō gewann. Im Jahre 1887 fand ein offener Wettkampf zwischen den Vertretern des alten und des neuen Stils im *Jūjutsu* statt; Shirō, der die von Tanomo gelehrten Techniken einsetzte, bezwang einen gewaltigen Gegner und trug den Sieg für Kanōs Gruppe davon. Kanō betrachtete den fähigen Shirō als seinen vielversprechendsten Schüler, und auch Tanomo, wie bereits oben erwähnt, hatte den Jungen als seinen Nachfolger im Auge. Shirō hatte das Zeug, ein zweiter Morihei zu werden, aber 1891 gab er sowohl Oshiki-uchi als auch Jūdō plötzlich auf — die Gründe sind nur ihm selbst bekannt — und floh ins entfernte Nagasaki, um sich dort dem Studium der Journalistik und Politik und dem japanischen Bogenschießen zu widmen. Er widerstand allen Überredungsversuchen, die beiden anderen Kampfkünste wieder zu praktizieren. Erst als ganz klar war, daß Shirō nicht mehr von seiner Entscheidung abzubringen war, entschied sich Tanomo schließlich für

Sōkaku als Erben der *Oshiki-uchi*-Techniken.

In der Zwischenzeit reiste Sōkaku umher, unterrichtete an verschiedenen Orten und Schulen und unternahm alles, um seine kämpferischen Fähigkeiten zu vervollkommnen. Um 1877 befand er sich offenbar auf Kyūshū; möglicherweise hatte er gehofft, etwas von der Revolte mitzubekommen, die von Takamori Saigo, einem Verwandten von Tanomo, angeführt wurde. (Sōkaku war während des Aufstandes von Aizu noch ein Kind; wenn er ein paar Jahre älter gewesen wäre, hätte er zusammen mit den berühmten Byakkō-tai, dem »Aizu-Jungenheer« Selbstmord begehen müssen). Zum Zeitpunkt seiner Ankunft war die Rebellion bereits niedergeschlagen worden, und so schuf sich Sōkaku seine eigenen Kämpfe, indem er die Dōjō am Ort stürmte und sich ein Taschengeld verdiente, wenn er es auf Jahrmärkten in Schaukämpfen mit jedem aufnahm. Als auf Kyūshū keine Gegner mehr zu finden waren, machte sich Sōkaku auf den Weg nach Okinawa, dem Sitz des »Kampfes mit leeren Händen« und fügte somit Karate der Liste der von ihm beherrschten Kampfkünste hinzu.

Kurz gesagt verbrachte Sōkaku seine Jugend als »Straßenkämpfer«, der sich auf Hunderte von Entscheidungskämpfen einließ, bei denen alles erlaubt war. Er tötete eine Reihe von Angreifern und zettelte eines Tages einen kleinen Ein-Mann-Krieg gegen eine Bande von Bauarbeitern an. Sōkaku geriet mit der Bande in Streit und zog, als er mit Äxten, Eisenstangen und Steinen angegriffen wurde, sein Schwert. Sōkaku hieb sich seinen

Weg durch die Menge und hinterließ einige Tote und Verwundete. Er wurde verhaftet und wegen Totschlags vor Gericht gestellt.

Später ließ man ihn aber wieder frei, nachdem das Gericht zu dem Urteil kam, er habe in Notwehr gehandelt. Die Behörden konfiszierten allerdings sein Schwert und legten ihm nahe, in Zukunft ähnlichen Konflikten aus dem Wege zu gehen.

Sōkakus grimmiger Gesichtsausdruck war auf fehlende Vorderzähne zurückzuführen; er hatte sie während einer Vorführung im Kampf gegen drei mit Lanzen bewaffnete Männer verloren. Als Sōkaku eine der Lanzen mit seinem Schwert zerbrach, um das Publikum zu beeindrucken, wurde er von der umherfliegenden Klinge am Mund getroffen.

Im Jahre 1880 nahm Sōkaku seinen Unterricht bei Tanomo im Tōshogu-Schrein von Nikkō wieder auf, wo Tanomo zum Hilfspriester ernannt worden war. 1888 begann Sōkaku damit, eigene Schüler zu unterrichten. Er unternahm den Versuch, ein normaleres Leben zu führen, heiratete und baute sich ein Haus; seine Frau starb jedoch bei der Geburt des zweiten Kindes, und kurz darauf zerstörte eine Feuersbrunst sein Haus. Daraufhin übergab Sōkaku seine Kinder in die Obhut von Verwandten und setzte wieder einmal sein ruheloses Leben fort.

Erst im Jahre 1899 lehrte Tanomo ihn die letzte der *Oshiki-uchi*-Techniken und schenkte ihm das folgende Gedicht als eine Art »Zertifikat«:

Menschen, wisset:
Schlagt ihr die fließenden Wellen
des Flusses,
bleibt keine Spur
im Wasser zurück.

Von 1898 bis 1915, dem Jahr, in dem Sōkaku mit
Morihei auf Hokkaidō zusammentraf, reiste er von Ort
zu Ort, hauptsächlich im nördlichen Japan, und verdiente sich seinen Lebensunterhalt mit dem, was wir heute
als Seminare und Workshops bezeichnen würden. Wenn
man Sōkakus Aufzeichnungen glauben kann, so waren
fast alle großen Meister der Kampfkunst aus der damaligen Zeit zumindest eine Zeit lang seine Schüler gewesen.
In jenen Tagen bedeutete die »Aufnahme« in Sōkakus
Kurse, einen Kampf gegen ihn zu verlieren. Die Tatsache,
daß so viele der besiegten Herausforderer ja selbst zu den
besten Lehrern zählten, deutet darauf hin, daß Sōkaku
wirklich über ungeheures Können verfügte und alle
seine Angreifer schlagen konnte, unabhängig davon, in
welchem Stil sie ausgebildet waren.

Im Jahre 1904 hatte Charles Perry, ein Amerikaner,
der an einer Schule in Sendai Englisch unterrichtete,
einen denkwürdigen Zusammenstoß mit Sōkaku, und
zwar in einem Eisenbahnzug. Perry nahm Anstoß am
Aussehen des schäbig gekleideten japanischen Fahrgastes,
mit dem er sein Erste-Klasse-Abteil teilen mußte, und so
bat er den Zugschaffner, die Fahrkarte dieses Burschen
zu kontrollieren. Als Sōkaku wissen wollte, warum er als
einziger seine Fahrkarte vorzeigen mußte, informierte

ihn der Schaffner über die Beschwerde des Amerikaners. Der aufgebrachte Sōkaku sprang von seinem Sitz hoch, baute sich vor Perry auf und verlangte eine Erklärung. Perry sprang ebenfalls auf. Er war davon überzeugt, mit seinen 1,80 Meter den viel kleineren Sōkaku einschüchtern zu können. Stattdesssen packte Sōkaku rasch die erhobenen Fäuste des Amerikaners, wandte einen unerträglich schmerzhaften Hebelgriff an und warf Perry in die hinterste Ecke des Abteils. Als Perry sich von den Schmerzen des Angriffs und seinem Schock darüber erholt hatte, von einem nur halb so großen Männlein so leicht überwältigt worden zu sein, bat er zerknirscht um Verzeihung und bat Sōkaku um Unterricht in dieser Kunst. Über Perry gelangten Informationen über Sōkakus wirksame Techniken bis zu Präsident Theodore Roosevelt; Sōkaku entsandte später seinen Schüler Shunsō Harada, einen Polizeibeamten aus Sendai, in die Vereinigten Staaten, wo dieser dem amerikanischen Präsidenten und anderen Regierungsmitgliedern drei Jahre lang Unterricht erteilte.

Die folgende Geschichte spielte sich etwa um die gleiche Zeit ab: in der Präfektur Fukushima terrorisierte ein Bandit die Bevölkerung, aber trotz umfangreichen Polizeieinsatzes konnte man ihn nicht festnehmen. Eines Morgens wurde der Geächtete tot in einem Feld gefunden. Sein Kopf war fast vollständig vom Körper abgerissen. Man fragte sich natürlich verwundert, wer es denn gewagt habe, diesen bösartigen Verbrecher zu ermorden. Offiziell wurde keine Erklärung abgegeben, aber einige Polizisten wußten sehr wohl, daß Sōkaku,

Daitō-ryū-Meister Takeda Sōkaku, mit 80 Jahren noch so grimmig wie
eh und je.

der zu jener Zeit gerade einen Übungskurs abhielt, jede Nacht vorsätzlich ganz alleine auf den dunkelsten Straßen spazieren ging.

Um 1911 wurde Sōkaku vom Polizeipräsidium auf Hokkaidō eingeladen, die dort beschäftigten Polizisten zu unterrichten. Außer den rechtmäßigen Siedlern wie z.B. Moriheis Gruppe war Hokkaidō mit seinen offenen Grenzen ein Zufluchtsort für Banditen — die Küste war von Piraten durchsetzt, und im Inneren der Insel trieben Wegelagerer und Räuber ihr Unwesen. Ganze Banden, die Prototypen der heutigen *Yakuza*, waren in Schmuggelgeschäfte, Spielhöllen und im Sklavenhandel verwickelt. Die Polizei war weitestgehend machtlos und auch zahlenmäßig unterlegen; sogar mehrere Polizeistationen waren von den Banden überfallen und ausgeraubt worden.

So wie man früher in eine gesetzlose Stadt des Wilden Westens einen U.S. Marshal einberief, der Ruhe und Ordnung wiederherstellen sollte, machte sich der damals 50jährige Sōkaku auf den Weg in die ungezähmte Wildnis. Die Gangster, die vor Sōkakus Ankunft gewarnt worden waren, ließen den kleinen Krieger sofort beschatten.

Als sie erfuhren, daß er jeden Morgen unbewaffnet ein öffentliches Bad aufsuchte, wurden sechs Rowdys damit beauftragt, ihm eine Lektion zu erteilen. Ein nasses Handtuch kann selbst in den Händen eines Schuljungen zur Waffe werden und auf der Haut schmerzhafte Striemen hinterlassen; als Sōkaku nämlich sein Ki in die provisorische Waffe schickte, schlug er seine Angreifer bewußtlos und brach einigen sogar ein paar Rippen. Sōkakus unglaubliche Kräfte versetzten die Gangster in Angst und Schrecken. Eine kleine Armee von zweihundert Gangstern umstellten daraufhin Sōkakus Hotel und bereiteten sich auf eine Machtprobe vor. Der trotzige Sōkaku schwor, die Stadt mit Leichen zu pflastern, und die Bevölkerung der Stadt suchte schleunigst Schutz in ihren Behausungen. Wie in einem regelrechten Hollywood-Western wurde aber dann ein Waffenstillstand zwischen dem Gangsterführer und Sōkaku vereinbart und somit ein Blutvergießen verhindert.

Als Sōkaku ein paar Jahre später nach Hokkaidō zurückkehrte, kreuzte sich unweigerlich sein Weg mit dem Moriheis. Morihei hatte schon eine Zeitlang gewußt, daß Sōkaku sich auf Hokkaidō aufhielt. Als er einmal einen Sumō-Ringer während eines improvisierten Wettkampfes vernichtend schlug, wurde er gefragt, ob er »der berühmte Sōkaku Takeda« sei. Auf einer Reise nach Engaru erfuhr Morihei, daß Sōkaku in einer nahegelegenen Herberge Übungsstunden abhielt und machte sich sofort auf den Weg, um daran teilzunehmen.

Nachdem er Augenzeuge einer beeindruckenden Vorführung geworden und von dem schmächtigen Sōkaku im Handumdrehen erledigt worden war, bat Morihei um die Zulassung zum »Daitō-ryū«, wie Sōkaku gerne seinen Unterricht bezeichnete, und wurde aufgenommen. Morihei ließ alles andere stehen und liegen, blieb einen Monat lang in der Herberge und trainierte mit Sōkaku Tag und Nacht. Nach dreißig Tagen intensivsten Trainings wurde Morihei die Lehrerlaubnis

Stufe eins verliehen.

Morihei kehrte anschließend nach Shirataki zurück — sehr zur Erleichterung seiner Familie und seiner Freunde; sie hatten nämlich befürchtet, er sei bei einem Schneesturm ums Leben gekommen, weil sie einen Monat lang nichts mehr von ihm gehört hatten. Morihei baute nun auf seinem Grundstück ein Dōjō und ein Haus für Sōkaku, lud den Meister ein, dort seinen Unterricht abzuhalten und bekam jeden Morgen zwei Stunden Einzelunterricht. Sōkaku erteilte auch am Nachmittag Unterricht für Gruppen. Weil Sōkaku zu den Meistern der alten Schule gehörte, war Morihei verpflichtet, ihn rund um die Uhr zu bedienen, persönlich seine Mahlzeiten zuzubereiten, seine Kleider zu waschen, stundenlang Schultern und Beine zu massieren und ihm beim Baden zur Hand zu gehen.

Nach dem verheerenden Brand in Shirataki im Jahre 1917 hatte Morihei nicht mehr so viel Zeit, mit Sōkaku zu trainieren, begleitete ihn aber weiterhin auf gelegentliche Reisen in verschiedene Gebiete Hokkaidōs, wo Sōkaku häufig unterrichtete.

Ende 1919 verließ Morihei Hokkaidō ganz plötzlich, und zwar für immer. Der »offizielle« Grund für Moriheis Weggang aus Shirataki war eine schwere Erkrankung seines Vaters in Tanabe. Diese Begründung wurde allerdings in Zweifel gezogen, denn es scheint sicher zu sein, daß die Erkrankung des Vaters eher ein willkommener Vorwand als der echte Grund für Moriheis Abreise war.

Zunächst einmal hatte Morihei, noch bevor er vom kritischen Gesundheitszustand seines Vaters erfahren hatte, seine ganze Familie bereits zurück nach Tanabe geschickt (mittlerweile waren auf Hokkaidō noch zwei kleine Jungen geboren worden). Zudem war er offensichtlich nicht sehr glücklich in Shirataki. Er zögerte nicht, alles, was er dort besaß, einfach zurückzulassen (das meiste seines Hab und Guts wurde an Sōkaku übergeben). Und schließlich eilte er nicht direkt ans Krankenbett seines im Sterben liegenden Vaters, sondern machte auf seiner Reise einen Umweg, um das Zentrum des Omoto-kyō, einer neuen Religionsgemeinschaft, zu besuchen. Selbst wenn sein Besuch dazu diente, für die Genesung seines Vaters zu beten, wäre es doch natürlicher gewesen, direkt nach Tanabe zurückzukehren, um die Situation mit eigenen Augen sehen und einschätzen zu können.

Meiner Ansicht nach war Morihei damals geistig sehr ruhelos und immer noch auf der Suche nach dem Sinn des Lebens, und außerdem ernüchterten ihn Sōkakus Lehrmethoden. Er wollte möglicherweise auch alleine für sich selbst experimentieren und nicht mehr abhängig sein von den unaufhörlichen Forderungen dieses anspruchsvollen Mentors, der ihn oft zur Verzweiflung brachte.

Obwohl Sōkaku zweifellos ein außergewöhnlicher Meister der Kampfkünste war, mit Sicherheit einer der begabtesten Budōka aller Zeiten, war er vom Charakter her gesehen nicht auf derselben Entwicklungsstufe. Er war übellaunig, eitel und arrogant und empfand übermäßigen Stolz darüber, daß er so viele Männer niedergestreckt hatte (und gleichzeitig hatte er furchtbare

Angst vor den Geistern der Verstorbenen, die ihn, wie er sagte, des nachts heimsuchten), und er hegte eine gehörige Portion Verachtung für andere Leute und Traditionen. Beispielsweise sprach er einmal von dem ehrwürdigen Jigorō Kanō als »Fischhändler«. Wenn Sōkaku, der ziemlich gewalttätig war, ein menschliches Wesen erspähte, sah er in ihm sofort einen Feind; er trug einen blanken Dolch am Leib, sobald er das Haus verließ, und in seinem Spazierstock steckte eine messerscharfe Klinge, die er nach jedem Hund warf, der es wagte, ihn anzubellen. Sogar zu Hause hielt er stets gespitzte Eßstäbchen bereit, um jeglichen Eindringling abzuwehren. Er war so krankhaft mißtrauisch, daß er nichts aß oder trank — noch nicht einmal den Tee, den er selbst zubereitet hatte —, was er nicht vorher von einem Schüler kosten ließ für den Fall, daß es vergiftet sei. Es ging auch das Gerücht, daß der wahre Grund, weshalb Morihei seine Familie nach Tanabe zurückschickte, Sōkakus Annäherungsversuche an Moriheis Frau gewesen waren.

Jedenfalls fand sich der 36jährige Morihei in Ayabe wieder, einer kleinen Stadt in der Nähe von Kyōto, wo eine schicksalhafte Begegnung mit Onisaburō Deguchi, einer der rätselhaftesten Figuren des 20. Jahrhunderts, stattfand.

2

Nach dem Niedergang der alten Ordnung im Japan des 19. Jahrhunderts hoffte man auf das Anbrechen eines neuen Zeitalters, das aus dem Chaos entstehen würde. Plötzlich tauchten überall Seher, Propheten und Prediger auf, und jeder verkündete einen unterschiedlichen Ausweg aus den Kämpfen, den Krankheiten, der Not und dem Elend in der ganzen Welt.

Viele dieser neuen Religionsgemeinschaften wurden von Frauen gegründet. Damals glaubte man, daß nur reinherzige Frauen dem Göttlichen am nächsten seien, also nicht die aristokratischen Damen, die abgeschirmt von der grausamen Realität des Lebens waren, sondern die wenig gebildeten, entsetzlich armen Bauersfrauen.

Eine der bemerkenswertesten Prophetinnen war Nao Deguchi. Sie wurde 1836 in eine völlig verarmte Familie geboren und erlebte eine der schlimmsten Hungersnöte der japanischen Geschichte. Wie durch ein Wunder entkam Nao der »Ausdünnung« — ein Euphemismus für den systematischen Kindesmord, dem vor allem kleine Mädchen zum Opfer fielen. Zehntausende von Menschen starben während dieser Großen Hungersnot der Tempō-Ära; mehrere Jahre lang gab es in dem üppigen japan keinen Frühling mehr, jeder Grashalm, jede Wurzel und jedes Körnchen Getreide sämtliche Blätter und Baumrinden, sogar alte Tatamimatten wurden von den verhungernden Menschenmassen verschlungen. Nao überlebte zwar, aber ihr ganzes Leben bestand aus einer endlosen Kette von Tragödien und Schicksalsschlägen.

Als sie zehn Jahre alt war, starb der Vater, der Alkoholiker war, und das kleine Mädchen wurde zur Arbeit geschickt — sie mußte sich als Küchenmädchen, Verkäuferin und Näherin abplagen, um die Familie zu ernähren. Im Alter von siebzehn Jahren wurde Nao von einer Tante in die Deguchi-Familie adoptiert. Diese Tante war eine mürrische, verschlossene Frau, die zwei Jahre später Selbstmord beging. Naos Verlobung wurde gelöst, und als sie zwanzig war, arrangierte man eine Heirat mit einem Mann, den sie nicht liebte.

Da ihr neuer Ehemann Schreinermeister war, also zu den bestbezahlten Handwerkern jener Zeit zählte, gab es einen Hoffnungsschimmer, daß sich Naos Schicksal doch noch zum Besseren wenden würde. Bedauerlicherweise war ihr leichtlebiger Ehemann aber süchtig nach Sake und Vaudeville; schwere Trinkgelage, nächtelange Wirtshausbesuche und Arbeitsunfälle forderten ihren Preis, und schließlich wurde der Mann zum arbeitslosen Invaliden. Naos Familie verfiel immer tiefer in Schulden und verlor schließlich alles, was sie besaß.

Von den elf Kindern, die Nao zwischen ihrem zwanzigsten und siebenundvierzigsten Lebensjahr gebar, starben drei bei der Geburt, zwei wurden geisteskrank, eines starb im Chinesisch-Japanischen Krieg, eines unternahm einen Selbstmordversuch, und drei liefen von zu Hause weg. Der Mann starb, als Nao 51 war, und so mußte sie als Lumpensammlerin arbeiten und lebte buchstäblich am Rande des Existenzminimums.

Schon als junges Mädchen hatte Nao ständig »innere Stimmen« gehört und sich gelegentlich in die Einsamkeit der Berge zurückgezogen, um dort tagelang zu fasten und zu beten. Zu jener Zeit stand sie unter dem Einfluß des Konko-kyō, einer neuen Religionsgemeinschaft, die 1859 von einem Bauern namens Bunjirō Kawate gegründet worden war.

Kawate glaubte, er sei die Inkarnation des Tenchi-Kane-no-Kami (auch unter dem Namen Konjin bekannt); diese bislang wenig bekannte Gottheit, die man früher einmal als zornige Gottheit minderer Bedeutung betrachtete, war in Wirklichkeit, so behauptete Kawate, der oberste Gott der Liebe, der die Menschheit in ein neues Zeitalter des Friedens und des Wohlstandes führen würde. Die von Kawate interpretierte Botschaft der Gottheit lautete: »Reformiert die Welt, heilt die Kranken, und bereitet euch auf ein neues Zeitalter vor.«

Im Jahre 1892 wurde die 57jährige Nao persönlich zu dem illustren Gott gerufen. Eines Nachts verspürte Nao plötzlich ein Gefühl, als schwebte sie auf Wolken, ihr Körper fühlte sich leicht und durchsichtig an wie eine Feder; ihre erbärmliche kleine Behausung war voller Licht und bezaubernden Duftes. »Ich bin Konjin«, hörte sie sich selbst rufen. Auf Anweisung von Konjin aß und schlief Nao während der folgenden dreizehn Tage nicht, reinigte sich aber weiterhin mit eiskalten Waschungen, um für weitere Anweisungen des Gottes bereit zu sein.

Als Nao begann, Konjins prophetische Äußerungen

herauszuschreien, erregte sie natürlich einiges, zum Teil nicht beabsichtigtes, Aufsehen. Als sie einmal vor sich hinmurmelte, die Welt würde durch Feuer gereinigt werden, wurde sie von der Polizei verdächtigt, der Brandstifter zu sein, der damals in der Gegend sein Unwesen trieb. Nao wurde in polizeiliches Gewahrsam genommen und erst wieder freigelassen, als der tatsächliche Brandstifter ein Geständnis ablegte. Nach diesem Vorfall befahl Konjin der des Lesens und Schreibens unkundigen Nao, einen Text niederzuschreiben. So schrieb Nao in einfacher *Kana*-Schrift und füllte schließlich etwa 100.000 Seiten mit Äußerungen von Konjin, die man *Fudesaki* (»Schriften«) nannte.

Es sprach sich schnell herum, daß Nao hellsehen konnte und die Fähigkeit besaß, Krankheiten zu heilen, und so war sie in Ayabe bald von einer kleinen Gruppe von Anhängern umgeben. Ihre ursprüngliche Gruppe befand sich unter der Schirmherrschaft der Konko-kyō-Organisation, aber Nao war ruhelos — Konjin hatte ihr angedeutet, sie solle sich auf einen »Heilsbringer« aus dem Osten vorbereiten.

Im Jahre 1898 wurde Nao von einem gepflegten jungen Mann namens Kisaburō Ueda angesprochen. Ueda wurde 1871 in der Nähe von Kameoka geboren. Er stammte aus einer Familie, die ebenfalls schwere Zeiten mitgemacht hatte. Uedas Großvater hatte den größten Teil der einst beträchtlichen Besitztümer der Familie verspielt, und so herrschte in der Familie große Armut. Ueda wuchs die meiste Zeit bei seiner Großmutter auf, einer für die damalige Zeit ungewöhnlich gebildeten

Frau. Sie erwies sich als begabte Dichterin und studierte mit großer Begeisterung *Kotodama* (»Klang-Geist«), eine heilige Wissenschaft, mit der sie bereits durch ihren Vater in Berührung gekommen war, einem Experten auf diesem Gebiet. (Später behauptete Ueda, er sei in Wirklichkeit der uneheliche Sohn eines kaiserlichen Prinzen.)

Der Junge war körperlich sehr schwach und häufig krank, und so verzögerte sich sein Eintritt in die Schule um drei Jahre. Aber aufgrund seiner Intelligenz konnte er rasch aufholen und später alle anderen Mitschüler übertrefffen. Leider waren Uedas Klassenkameraden und sogar ein Lehrer — dem es nichts ausmachte, von einem seiner Schüler korrigiert zu werden — eifersüchtig und hänselten und mißhandelten den kleinen Gelehrten auf grausame Art. Der Spieß drehte sich um, als Ueda im zarten Alter von zwölf Jahren zum Assistenten ernannt wurde, jedoch hatte der freimütige Jugendliche große Schwierigkeiten, mit seinen viel älteren Kollegen zurechtzukommen und legte demzufolge seinen Posten zwei Jahre später nieder.

Ueda kehrte nach Hause zurück und arbeitete als Bauer, Fischhändler und Tagelöhner, um seinen Lebensunterhalt selbst zu verdienen. Nachts studierte er weiterhin Literatur und übte sich in Kalligraphie und Malerei. Als er achtzehn Jahre alt war, wurden seine Gedichte und Aufsätze in literarischen Zeitschriften veröffentlicht. Besonders begabt war er für *Kyōka*, satirisch-humoristische, »verrückte« Dichtung.

Als Ueda Anfang zwanzig war, begann er mit dem Studium der Veterinärmedizin und Molkereiwissenschaft und gründete später eine Firma für Molkereiprodukte. Seine geisteswissenschaftliche Ausbildung bereicherte er durch das Studium klassischer japanischer Musik und Tanz. Ueda engagierte sich auch in der Gemeindepolitik. Er zögerte nicht, sich gegen Dorfälteste zu stellen, wenn er das Gefühl hatte, es sei etwas Ungerechtes vorgefallen. Einige hielten Ueda für den Sprecher der Armen und Unterdrückten; andere sahen in ihm einen Unruhestifter, der sich überall einmischte und den Status Quo störte. Weil Ueda streitsüchtig und ein wenig eitel war, wurde er bald zur beliebten Zielscheibe für die Schlägertypen am Ort; mehr als ein Mal wurde Ueda angegriffen und brutal zusammengeschlagen.

1897 verlor Ueda seinen Vater und stürzte in eine schwere geistige Krise. Er war deprimiert, wurde ständig von Rabauken belästigt, ließ sich mit Prostituierten ein, trank ungeheuer viel und rannte dann aus dem Dorf weg. Er zog sich in eine Höhle auf dem Berg Takakusa zurück und war entschlossen, entweder die Wahrheit zu finden oder bei dem Versuch umzukommen.

Während einer einwöchigen Fastenzeit verfiel Ueda, so behauptete er, in einen Trancezustand und reiste durch den Kosmos; Götter und Buddhas weihten den unbeständigen jungen Mystiker in alle ihre Geheimnisse ein. Nach dieser Erleuchtung stieg Ueda vom Berg herab und war bereit, sich ganz der Rettung der Welt zu widmen.

Zunächst stieß Ueda mit seiner neuen Botschaft auf keine besonders große Resonanz. Von den Dorfbewohnern wurde er abgetan als einer dieser verrückt gewordenen Propheten, und selbst seiner eigenen Familie waren seine Spinnereien eher peinlich. Sein energischer, etwas zügelloser Bruder zerschlug mehrere Male seinen Altar und bewarf ihn mit Steinen, wenn Ueda versuchte, am Fluß rituelle Waschungen vorzunehmen. Die Polizei beschuldigte ihn des »Predigens ohne Lizenz« . Auf Druck der Behörden beschloß Ueda, sich die entsprechenden Zeugnisse zu beschaffen.

Ueda studierte zunächst bei dem berühmten Spiritisten Otate Nagasawa, der zu jener Zeit auf dem Berg Ontake, dem Sitz einer der wichtigsten Bergreligionen Japans, lehrte. Nagasawa war der wichtigste Schüler von Shintoku Honda, einer charismatischen Persönlichkeit, der für das Wiederaufblühen der uralten *Chinkon-kishin*, einer Meditationstechnik aus dem Shintō, verantwortlich zeichnete.

Nach mehreren Monaten intensivsten Studiums bei Nagasawa wurde Ueda die Erlaubnis erteilt, als *Saniwa* zu fungieren, einer Art »übersinnlicher Schiedsrichter«, der in Fällen von Geisterbesessenheit einschreiten sollte. (Ueda war recht erfreut darüber, jetzt als Instrument des großen Gottes Susano-o no mikoto eingestuft zu werden und nicht mehr als Vertreter des armseligen *Tengu*, der ihm zuvor Anweisungen erteilt hatte.)

Als Ueda eines Tages in einem Schrein rituelle Handlungen vornahm, hörte er eine Stimme, die ihm befahl, nach Westen zu gehen, dort warte jemand auf seine Ankunft. Ueda machte sich sofort auf den Weg nach Westen, obwohl er keine Ahnung hatte, wen er dort eigentlich treffen sollte. Als er in einem Teehaus Rast machte, fragte die Besitzerin ihn nach seinem Beruf.

»Ich bin ein *Saniwa*«, verkündete Ueda.

»Oh, was für ein Glück!« rief die Frau aus. »Meine Mutter ist ein Sprachrohr des Gottes Konjin, und sie hat uns erzählt, daß sie einen göttlichen Boten aus dem Osten erwartet. Wir haben dieses Teehaus eigens dafür eröffnet, um den Boten zu finden; wir hofften, er würde eines Tages hier vorbeikommen. Sie müssen meine Mutter unbedingt kennenlernen.«

Man kann sich kaum zwei Menschen vorstellen, die so völlig unterschiedlich waren wie Nao Deguchi und Kisaburō Ueda. Die winzige, alte Nao war zurückhaltend, enthaltsam und harmlos; der dynamische, junge Ueda war kontaktfreudig, voller Genußsucht und raffiniert. Nao, eine einfache, genügsame Frau, schreckte vor dem Rampenlicht zurück, während Ueda, ein Kosmopolit, Gelehrter, Künstler und Unternehmer zugleich, sich danach sehnte. Interessanterweise wird Nao in der später veröffentlichten Hagiographie des Omoto-kyō beschrieben als »der Geist eines Mannes im Körper einer Frau«, während man Ueda als »Geist einer Frau im Körper eines Mannes« betrachtete.

Trotz der dramatischen Umstände ihrer ersten Begegnung brauchten die beiden einige Zeit, um festzustellen, daß der jeweils andere der »Richtige« ist. Nach mehrmonatigen, von Argwohn geprägten Verhandlungen beschlossen Nao und Ueda, sich zusammenzuschließen. Ueda zog nach Ayabe, heiratete Naos sechzehnjährige Tochter Sumi (die geboren wurde, als die Mutter 47 Jahre alt war) und nahm einen anderen Namen an. Er nannte sich jetzt Onisaburō (oder auch

Wanisaburō) Deguchi.

Kurz nach seinem Anschluß an die Familie Deguchi unternahm Onisaburō den Versuch, die Leitung der Religionsgemeinschaft zu übernehmen. Er hatte große Pläne, stieß damit aber auf den Widerstand von Naos engsten Freunden und dann auch von Nao selbst, die sich über seine verwirrenden Innovationen (einschließlich der geplanten Veröffentlichung ihrer göttlich inspirierten Schriften) bitter beklagte. Trotz einer Reihe von Schwierigkeiten — Naos Flucht in eine Höhle, Onisaburōs Ausweisung aus der Gemeinschaft und Morddrohungen gegen ihn, fehlende Gelder usw. — setzte sich Onisaburō als Führer letztendlich durch. 1913 wurde das Omoto-kyō als unabhängige religiöse Vereinigung gegründet, und als Nao 1918 starb, hatte Onisaburō, der »Heilige Guru«, vollständige Kontrolle über die Gemeinschaft.

Viele Theorien und Projekte Onisaburōs waren absolute Spinnerei. Er lebte eindeutig in völlig anderen Sphären als die anderen, eher einfältigen religiösen Exzentriker, irregeführten Propheten und cleveren Schwindler, die in der damaligen Zeit umherschwirrten. Onisaburō verfügte nicht nur über einen brillianten Verstand, sondern er war auch ein Künstler *par excellence*. Seine literarische Leistung ist wahrscheinlich in der Geschichte unübertroffen: er diktierte über 600.000 Gedichte und eine Reihe von Büchern, unter anderem das unglaubliche, einundachtzig Bände umfassende *Reiki Monogatari* (»Erzählungen aus der Geistigen Welt«). In diesem fantastischen Werk — allein das Inhaltsverzeichnis umfaßt über 400 Seiten — wandert Onisaburō durch den gesamten Kosmos, liefert Interpretationen vergangener, gegenwärtiger und zukünftiger Ereignisse im Sinne der *Kotodama*-Theorie und erteilt ebenso Ratschläge in Bezug auf irdischere Angelegenheiten wie beispielsweise die richtige Höhe des Bettes (»weniger als 60 cm hoch, es sei denn, Sie sind der Kaiser«), persönliche Hygiene (»Männer haben kein unabdingbares Recht, vor den Frauen das Bad zu betreten; es hängt davon ab, wer schmutziger ist«) und über die Ehe (»Ehepaare sollten nicht zu sehr ineinander verliebt sein, denn sonst fügen sie sich zu häufig den Wünschen des anderen und vermeiden damit harte Entscheidungen, die für die Führung eines Haushaltes notwendig sind«). Onisaburō versuchte sich auch mit dem Schreiben von Theaterstücken, mit Komposition, Filmregie und Bildhauerei, aber ganz besonders zeichnete er sich in der Kalligraphie, der Malerei und der Töpferei aus. Man mag zu seinen Ideen stehen, wie man will, aber Onisaburō war zweifellos einer der begabtesten visuellen Künstler ganz Ostasiens. Seine großartige, frei fließende Pinselführung brachte seine Charaktere und Bilder zum Leben, und seine beeindruckende, in leuchtenden Farben bemalte Keramik steht zu Recht auf gleicher Stufe mit den »Nationalschätzen« vergangener Meister.

Onisaburō zeichnete sich aus als geistiger Lehrer und Führer, seine *Chinkon-kishin*-Meditationstechniken brachten Tausenden von Menschen Beruhigung und Entspannung. Seine Prophezeiungen waren so vieldeutig, daß er es sich leisten konnte, mit seiner fast perfekten Treffsicherheit zu prahlen, und er stellte sich auch, wie viele andere ähnlich charismatische Persönlichkeiten, sehr geschickt an bei der Heilung psychosomatischer Krankheiten. Onisaburō war sicherlich ein meisterhafter Psychologe, der ausgezeichnet »Gedanken lesen« konnte, und seine hellseherischen Fähigkeiten reichten aus, um auch die größten Skeptiker zu entwaffnen, wenn er ihnen beispielsweise den exakten Geldbetrag nennen konnte, den sie in der Tasche hatten. Onisaburō war ein unerschütterlicher Optimist, er überlebte gut gelaunt und fröhlich eine Reihe von Rückschlägen, die einen normal Sterblichen psychisch vernichtet hätten. Er hielt sich selbst für die moderne Ausgabe des Shintō-Gottes Susano-o no mokoto, einer schelmischen Gottheit, die wegen ihrer Eskapaden aus Schwierigkeiten nicht mehr herauskommt.

Das alles in Verbindung mit seiner majestätischen Erscheinung — umgeben von einem Schwarm schöner junger Frauen, in einen prächtigen Kimono gehüllt und einem bunten Schamanenhut auf seiner hochgesteckten Mähne — machte Onisaburō zu einer wirklich eindrucksvollen, oft unwiderstehlichen Führerfigur. Zum ersten Mal in der Geschichte fand eine neue Religion, die sonst eigentlich nur unzufriedene Bauern und unschuldige Landbewohner anzog, auch bei Intellektuellen, Aristokraten, Regierungsmitgliedern und Armeeangehörigen großen Anklang. Von 1919 bis 1921, dem Zeitalter des Omoto-kyō«, erreichten die Mitgliederzahlen mehrere Millionen, und weitere Millionen standen unmittelbar unter dem Einfluß des Omoto-kyō durch deren Publikationen und sogar einer Tageszeitung.

(*Links:*) Ein extravaganter Onisaburō Deguchi in Schamanenkleidern. Onisaburō hatte Hunderte von prachtvollen Gewändern und ließ sich einmal kunstvoll gekleidet als Miroku-Buddha, dann wiederum als Shintō-Gottheit Susano-o, dann wieder als die sieben Naturgottheiten des Glücks fotografieren.

(*Rechts:*) Tuschzeichnung einer Kiefer von Onisaburō. »Die Kunst ist die Mutter der Religion« war ein grundlegender Glaubenssatz des Omotokyō, und Onisaburō war ein außergewöhnlich begabter Künstler, vor allem auf dem Gebiet der Malerei und der Töpferei. Ehrwürdige Kiefern, Symbole des ewigen Lebens und des ewigen Frühlings, waren Onisaburōs Lieblingsobjekte. Anstelle eines normalen Siegels stempelte Onisaburō seine Arbeiten häufig mit seinem Daumenabdruck am oberen Rand der Arbeit, womit er sie »zum Leben erweckte«, einer Praxis vergleichbar mit dem tibetischen Brauch, bei dem ein Ehrwürdiger Lama seinen Handabdruck auf der Rückseite eines *Thangka* anbringt und die Gebetsfahne somit geweiht ist.

Selbst im abgelegenen Hokkaidō erreichte die Nachricht von der faszinierenden neuen Religionsgemeinschaft, die ihren Sitz in Ayabe hatte, Moriheis Ohren. Als Morihei Shirataki verließ, zog es ihn gar nicht nach Tanabe, sondern nach Ayabe, wo er den »Heiligen Guru« von Angesicht zu Angesicht sehen sollte.

In dem Augenblick, als Morihei auf dem Bahnhof von Ayabe aus dem Zug ausstieg, spürte er, daß etwas völlig anders war — die ganze Umgebung war erfüllt mit Energie. Das Schauspiel, das sich Morihei im grandiosen Zentrum des Omoto-kyō bot, raubte ihm förmlich den Atem: Hunderte von langhaarigen Männern und Frauen, in leuchtende Kimonos und fließende Röcke gekleidet, sausten geschäftig zwischen riesigen Hallen und geweihten Teichen hin und her. Sie waren entschlossen, »die Welt zu reformieren und den Himmel auf Erden zu schaffen«. Völlig überwältigt zog es Morihei zum Drachen-Pavillon. Dort nahm er in einer schwach erleuchtete Ecke Platz und begann, leise die Shingon-Gesänge und Gebete zu rezitieren, die er viele Jahre zuvor in seine Erinnerung verbannt hatte. Da tauchte eine Gestalt aus der Dunkelheit auf und fragte: »Was siehst du?«

»Meinen Vater«, antwortete Morihei traurig. »Er sieht so alt und erschöpft aus.«

»Deinem Vater geht es gut«, sagte Onisaburō sanft zu Morihei. »Laß ihn gehen.«

Morihei war völlig verzaubert von der entrückten Atmosphäre in Ayabe, so daß er dort mehrere Tage verweilte, viel mit Onisaburō sprach, von der Lehre des

Omoto-kyō erfuhr und sich den *Chinkon-kishin*-Meditationssitzungen anschloß.

Als Morihei schließlich nach Tanabe zurückkehrte, mußte er erschüttert erfahren, daß sein Vater, wie Onisaburō angedeutet hatte, sanft und friedlich entschlafen war. Man informierte Morihei über die letzten Worte des Vaters, die dem launenhaften, aber dennoch sehr geliebten Sohn galten: »Du sollst dich durch nichts verpflichtet fühlen — lebe so, wie du willst.«

In den folgenden Monaten verhielt sich Morihei so, als ob er wahnsinnig geworden wäre. Er sprach mit keinem Menschen und verbrachte jede Nacht alleine in den Bergen und schwang dort wütend und verbissen sein Schwert. Aber dann, zu jedermanns Bestürzung und völlig unerwartet, kündigte er seine Absicht an, nach Ayabe zu ziehen und sich dem Omoto-kyō anzuschließen. Seine Familie und seine Freunde waren entgeistert über diesen Plan. Das Omoto-kyō hatte nämlich in jüngster Zeit eine schlechte Presse bekommen, und Moriheis Frau beklagte sich: »Warum sollten wir denn diesen Ort hier verlassen, wo wir fruchtbares Land besitzen und nette Nachbarn haben? Wollen dir die Götter, von denen du dich gerufen glaubst, ein Gehalt bezahlen?«

Da Morihei sich nun einmal entschlossen hatte, gab es auch keine Umkehr. Im Frühjahr des Jahres 1920 zogen der 37jährige Morihei, seine Frau, seine drei Kinder und seine Mutter gemeinsam nach Ayabe.

Sie ließen sich in einem kleinen Haus in der Nähe des Hauptschreins nieder. Morihei hatte kurz vor dem Umzug eine Dreijahres-Ration Reis als eine Art Versicherungspolice gekauft. Bald darauf half Morihei bei den vielen landwirtschaftlichen und baulichen Projekten, die gerade voll im Gang waren und nahm an den verschiedenen Gebetssitzungen, Meditationen und speziellen Fasten- und Reinigungszeremonien teil. Er stürzte sich auf das Studium der Glaubensbekenntnisse des Omoto-kyō, und nachdem Onisaburō ihn gelehrt hatte, daß die Kunst die Mutter der Religion ist, begann Morihei mit Kalligraphie und dem Verfassen von Gedichten.

Das Omoto-kyō betrachtete die Landwirtschaft als die Grundlage der neuen Weltordnung und legte großen Wert auf natürliche landwirtschaftliche Methoden und auf Vollwertkost. In Ayabe wurden keine Tiere gehalten, und da die Verwendung von menschlichem »Dünger« zur Bearbeitung des Gemüses, das in den Schreinen geopfert wurde, nicht angebracht erschien, entwickelten die organischen Landbau betreibenden Bauern des Omoto-kyō ein ausgeklügeltes Kompostiersystem.

Morihei hatte ja sein ganzes Leben lang begeistert Landwirtschaft betrieben. Mit der Abschaffung des Feudalismus entdeckten viele frühere Samurai die Verbindung zwischen Budō und Landwirtschaft — in beiden strebt man eine ethische Lebensführung und geistige Vollendung an. Morihei ließ sich extraschwere Werkzeuge schmieden und schwang seine Hacke mit derselben Konzentration und Ausdauer wie zuvor sein Schwert.

Morihei war für das Kompostieren verantwortlich und stand jeden Morgen um drei Uhr auf, um Abfallstoffe von weiter entfernt liegenden Gebieten zu sammeln.

Eines Tages säuberte er ein Feld von Kuzu (Pfeilwurzel) und zog einen riesengroßen Bündel Wurzeln hinter sich her. Auf dem Weg nach Ayabe verfing sich ein Fußgänger recht unglücklich in dem Gestrüpp, aber Morihei, der zielstrebig und so schnell er konnte nach Hause lief, legte eine ganze Meile zurück, bevor er die Hilfeschreie des armen Kerls schließlich hörte.

Anfangs übte Morihei seine Kampfkunst abends für sich alleine. Nachdem das Omoto-kyō eine eigene Feuerwehr eingerichtet hatte, leitete Morihei die Trainingsstunden für die Feuerwehrleute, die er in grundlegenden Techniken der Kampfkunst unterrichtete. Daraufhin wurde er von Onisaburō gebeten, alle Gläubigen des Omoto-kyō in Budō zu unterrichten, teilweise als Charaktertraining und teilweise mit dem Ziel, eine Gruppe von zukünftigen Leibwächtern auszubilden. Ein Gebäude wurde eigens zur »Ueshiba-Akademie« umgebaut, Moriheis erstem Dōjō.

Die damalige Leiterin des Omoto-kyōs, Onisaburōs Tochter Naohi, gehörte zu Moriheis ersten Schülerinnen. »Er machte keinerlei Zugeständnisse an Frauen«, erinnert sie sich, »und behandelte beim Training Männer und Frauen gleich. Das war ganz schön hart für uns Frauen, aber wir haben es sehr genossen, uns nicht aufgrund unseres Geschlechts unterlegen fühlen zu müssen.« Morihei unterrichtete seine Schüler vor allem in praktischer Selbstverteidigung, während er weiterhin für sich alleine Schwert- und Lanzentechniken und neue Bewegungsabläufe erprobte.

Die Eröffnung von Moriheis erster Übungshalle war

das einzige freudige Ereignis in seinem ersten Jahr in Ayabe. Im Abstand von nur drei Wochen waren seine beiden Söhne im Alter von drei und einem Jahr an Krankheiten gestorben (Moriheis einziger überlebender Sohn Kisshōmaru kam ein Jahr nach dem Tod der beiden Brüder zur Welt); und am 11. Februar 1921 brach der »Erste Omoto-kyō-Zwischenfall« über Ayabe herein.

Mehrere Jahre lang hatte die Regierung die Aktivitäten des Omoto-kyō mit wachsendem Mißtrauen beobachten lassen. Überschwenglich begeisterte Anhänger des Omoto-kyō hatten Naos Prophezeiung verbreiten lassen, in wenigen Jahren werde ein Krieg zwischen Japan und dem Rest der Welt ausbrechen; Japan werde in seiner gegenwärtigen Form ausgelöscht und eine neue Ordnung würde entstehen; der wahre Kaiser Japans sei nicht der kränkliche Taishō, der auf dem Thron in Tōkyō saß, sondern der dynamische geistige Führer, der in Ayabe residiere: Onisaburō sei dazu bestimmt, ein Weltkönigreich von Frieden und Liebe zu errichten.

Von der Regierung eingesetzte Spitzel und abtrünnige Omoto-kyō-Mitglieder trugen aktenweise schockierende Berichte zusammen: Naos hochherrschaftliches Grab sei in einem für Kaiser und Kaiserinnen vorbehaltenen Stil gebaut worden; Onisaburōs Residenz sei ein Nachbau des kaiserlichen Palastes; Anhänger des Omoto-kyō hätten in Ayabe Waffen, Sprengkörper, Lebensmittel und Geld gelagert und webten an einer riesigen »kaiserlichen Fahne«, unter der man sich zu Beginn der Revolution versammeln wolle, geheime Keller in der Zentrale seien voller Sexsklaven und Leichen derjenigen, die es gewagt hätten, Onisaburō und seine ergebenen Anhänger zu verärgern.

Die Behörden glaubten, genügend Verdachtsmomente zusammengetragen zu haben und veranlaßten eine Razzia der Polizei im Hauptsitz des Omoto-kyō. Onisaburō und mehrere seiner Berater wurden verhaftet; als man aber weder Waffen noch Leichen auf dem Gelände finden konnte, war die Regierung gezwungen, die Anklagepunkte gegen Onisaburō auf Majestätsbeleidigung und Verstoß gegen das Pressegesetz zu beschränken. Onisaburō wurde mehrere Monate im Gefängnis festgehalten und später gegen Kaution freigelassen; man verurteilte ihn wegen Majestätsbeleidigung zu fünf Jahren Gefängnis, wogegen er sofort Berufung einlegte. Aufgrund der Kaution war er aber immer noch auf freiem Fuß. Nach der Verkündung des Urteils hatte die Regierung jedoch vorsichtshalber die Zerstörung der wichtigsten Gebäude des Omoto-kyō angeordnet.

Dieses erste Vorgehen gegen das Omoto-kyō scheint Morihei nicht sehr belastet zu haben, im Gegensatz zum viel ernsteren »Zweiten Omoto-kyō-Zwischenfall« zehn Jahre später. Als brandneues Mitglied des Omoto-kyō war Morihei erst einmal fasziniert von der spirituellen Botschaft und hatte größtenteils die politischen Intrigen innerhalb der umstrittenen Organisation nicht wahrgenommen. Außerdem hatte er mit der Öffentlichkeitsarbeit der Religionsgemeinschaft so gut wie nichts zu tun. Trotz dieses Zwischenfalls blieb Morihei ein leidenschaftlicher und begeisterter Anhänger des Omoto-kyō und beständiger Freund Onisaburōs. Nach Oniaburōs

Entlassung aus dem Gefängnis fungierte Morihei tatsächlich als Onisaburōs persönlicher Leibwächter und enger Vertrauter.

Onisaburōs Verurteilung und die Zerstörung der Gebäude setzten den Geschehnissen um das Omoto-kyō in den folgenden zwei Jahren einen gehörigen Dämpfer auf. In dieser Zeit widmete sich Morihei der Landwirtschaft, Studien und dem Kampfkunsttraining.

Anfang des Frühjahrs 1922 tauchte plötzlich Sōkaku mit seiner Frau und seinem zehnjährigen Sohn in Ayabe auf (Sōkaku hatte in der Zwischenzeit auf Hokkaidō ein junges Mädchen geheiratet). In den Aufzeichnungen des Daitō-ryū ist vermerkt, Morihei habe Sōkaku eingeladen, am Sitz des Omoto-kyō zu unterrichten, aber das erscheint ziemlich grotesk angesichts des Aufruhrs der vergangenen Jahre. Wer würde denn in einer so schweren Zeit eine so schwierige Person wie Sōkaku um sich haben wollen? Es scheint eher so gewesen zu sein, daß Sōkaku auf Hokkaidō von einer »Ueshiba-Akademie« in Ayabe gehört und sich selbst eingeladen hatte.

Morihei hatte sich seine Unterrichtsstunden nie bezahlen lassen, jedoch bestand Sōkaku darauf, daß Morihei spezielle Trainingsstunden organisierte, die er, Sōkaku, leiten wollte und die mit fünf Yen pro Woche berechnet werden sollten. Das war damals sehr viel Geld, insbesondere für die Menschen in Ayabe, denen doch der größte Teil ihres Lebensunterhaltes entzogen worden war. Wie üblich war Sōkaku trotz seines fortgeschrittenen Alters (er war Mitte sechzig) ungeheuer beeindruckend und wurde im Handumdrehen fertig mit einigen noch nie »besiegten« Schwertkämpfern des Omoto-kyō. Onisaburō verspürte aber von Anfang an große Abneigung gegenüber dem großspurigen Schläger — »der Mann stinkt nach Blut und Gewalt« —, und Sōkaku weigerte sich, mit Morihei zu üben oder ihm etwas Neues beizubringen. Sōkaku übte scharfe Kritik an Morihei; er warf ihm vor, er würde mit den Techniken des Daitō-ryū nur »herumhantieren«.

Nach einem sehr angespannten sechsmonatigen Aufenthalt wurde Sōkaku schließlich dazu überredet, Ayabe zu verlassen, nachdem Morihei die Zahlung eines exorbitanten »Abschiedsgeschenkes« mit ihm vereinbart hatte. Da dieses Geld, etwa so viel wie heute 10.000 Dollar, offenbar Sōkakus Frau überreicht worden war, ist es in den offiziellen Büchern des Daitō-ryū nicht verzeichnet. Man findet darin nur eine kleine Notiz, in der Moriheis Ernennung zum Lehrassistenten bestätigt wird, sowie eine Quittung über ein bescheidenes Honorar von drei Yen. (Sōkakus Sohn hat kürzlich behauptet, Morihei hätte das gesamte Geld selbst behalten, und Sōkaku hätte nichts bekommen.)

Morihei sollte den leidigen Sōkaku später noch einmal treffen, aber es ist eindeutig, daß Morihei bereits 1922 auf einen anderen Kurs als der Lehrer des Daitō-ryū eingeschwenkt war. Morihei fühlte sich mit Onisaburō weitaus wohler.

Diesem wurden in seiner ereignisreichen Karriere viele Titel verliehen, vom »Retter der Welt« bis zum »Größten Scharlatan der Geschichte«, aber der vielleicht treffendste war der Titel »Der Allergrößte Don Quixote«. Einer seiner beliebtesten Aussprüche war folgender: »Backe aus Sonne, Erde und Mond einen süßen Kuchen, streue Sternenstaub darüber, und schlucke ihn in einem Satz hinunter!« Onisaburō war davon überzeugt, er sei die Inkarnation von Miroku, dem Erleuchteten, der ankommen und ein goldenes Zeitalter von Frieden und Wohlstand einleiten würde. Sein tiefempfundener Glaube daran bewirkte, daß Onisaburō sich auf das »Große Mongolische Abenteuer« einließ.

»Das Kaiserliche Japan« war nämlich zu jener Zeit in aller Munde, und das Ziel der japanischen Nationalisten bestand in der Schaffung einer sogenannten »Großostasiatischen Gemeinwohlsphäre«. Sie hatten insbesondere die riesigen, spärlich bevölkerten, unterentwickelten, aber ressourcenreichen Ebenen der Mandschurei und der Mongolei ins Auge gefaßt. Die dort lebenden Nomaden waren entsetzlich arm, ungebildet und beherrscht von machthungrigen Lama-Priestern; Japan sollte das Gebiet im Triumphzug von den Chinesen befreien, den mongolischen Patrioten helfen, ihren eigenen Staat zu gründen und ihre Brüder dabei beraten, wie man das Land »richtig« regiert.

Zu diesem Zweck operierten zahllose Geheimgesellschaften und Spionageringe im nördlichen Teil Asiens. Die größte und gefürchtetste dieser Organisationen war die »Schwarze-Drachen-Gesellschaft« (oder richtiger: Amur-River-Gesellschaft), die 1901 von dem Nationalisten und Kampfkunstexperten Ryōhei Ueda gegründet worden war. Unter den Mitgliedern befanden sich Minister und hochrangige Soldaten, *agents provocateurs*, sowie

Spione und gedungene Mörder.

In krassem Gegensatz zu Europäern und Amerikanern, die das üble Spitzel- und Spionagegeschäft als notwendiges, aber kaum zu tolerierendes Übel betrachteten, waren für die Japaner Geheimbünde und Spionageabwehr etwas höchst Patriotisches, auf das man stolz sein konnte. Zahlreiche hochrangige Militäroffiziere, von denen viele aus adeligen Familien stammten, waren bereit, sich jahrelang für ihr Land als Spione einzusetzen. Sie gaben sich als Kulis, Hausjungen, Diener, Köche und Bordellbesitzer aus — oder im Falle von weiblichen Agenten als Prostituierte —, einfach nur, um irgendwo ein paar Brösel Informationen zu erhaschen. Dieses unglaubliche Engagement steht außerhalb des Begriffsvermögens eines westlichen Menschen. Jeder Japaner in China war tatsächlich ein Spion, der alles, was er gesehen oder gehört hatte, weitergab. Organisationen wie die Schwarze-Drachen-Gesellschaft finanzierten sogar religiöse Pilgerreisen buddhistischer Mönche in der Hoffnung, wertvolle Informationen aus erster Hand über Menschen und Orte zu bekommen, die für das Militär normalerweise tabu waren. (Der berühmte Ekai Kawaguchi, der »erste Japaner in Tibet«, war ein solcher Mönch. Obwohl er dem Buddhismus verpflichtet war, lieferte er mit seinen genauen Beobachtungen der japanischen Geheimpolizei dringend benötigte Informationen über die politische Situation in Tibet.)

Yutarō Yanō, ein Marinekommandant im Ruhestand, und einige Anhänger des Omoto-kyō mit Verbindungen zur Schwarze-Drachen-Gesellschaft hatten

Onisaburō eingeladen, in die Mandschurei zu kommen. Sie waren voller Hoffnung, daß der charismatische Religionsführer das Vertrauen der Bevölkerung gewinnen und somit den Weg bereiten könnte für eine reibungslose Machtübernahme durch die von Japan gestützten mongolischen Kriegsherren.

Onisaburō hatte jahrelang davon geträumt, der spirituelle und weltliche Führer nicht nur des kleinen Japan, sondern der ganzen Welt zu werden. Um die Kommunikation zwischen den verschiedenen Ländern seines zukünftigen Reiches zu erleichtern, setzte er sich begeistert für die Verbreitung von Esperanto und romanisiertem Japanisch als neue Weltsprachen ein. Onisaburō stellte Kontakte mit gleichgesinnten Gruppen in Übersee her, die ebenfalls die Synthese der Weltreligionen und die Schaffung einer internationalen Regierung befürworteten (zu diesen Gruppen gehörten auch die Anhänger des Bahā'i). Onisaburō war von der Weissagung des schwedischen Mystikers Emmanuel Swedenborg sehr beeinflußt, daß sehr bald ein neues Jerusalem auf Erden entstehen würde, und zwar im Osten. Und so glaubte Onisaburō zum Zeitpunkt der Einladung Yanōs, er sei von Gott berufen, ein neues Himmelreich auf Erden einzurichten.

Ein sehr zuversichtlicher Onisaburō reiste also Anfang Februar 1924 heimlich aufs chinesische Festland. Er wurde begleitet von einem Rechtsanwalt mit dem Namen Matsumura (eine Weltregierung braucht ja von Anfang an einen Experten, um ein neues Gesetzbuch auszuarbeiten), einem Frisör namens Nada (der Retter der Menschheit muß sich ja jederzeit sehen lassen können), von Morihei (Leibwächter mit Sonderfunktion und zukünftiger Kommandant der spirituellen Armee) und Yanō. Die Gruppe konnte unbemerkt durch Korea reisen, das zu jener Zeit unter japanischer Besatzung stand, und dann weiter nach Feng-tian. Dort trafen sie mit ihrem Wahlhelfer Kitamura und mehreren Agenten der Schwarze-Drachen-Gesellschaft zusammen, die ihnen als Führer und Dolmetscher zur Seite stehen sollten.

Die Situation in diesem Winkel Asiens war chaotisch: die junge chinesische Republik, die erst zwölf Jahre bestand, war laufend in Kämpfe mit den dortigen Kriegsherren und Bandenchefs verstrickt, die um die Kontrolle der Gebiete fochten; japanische Truppen, die in der Nähe stationiert waren, warteten sehnsüchtig auf einen Vorwand, um die Invasion der Mandschurei rechtfertigen zu können. Außerdem stand die sowjetische Rote Armee angriffsbereit an der Grenze zur Äußeren Mongolei. Das gesamte Gebiet wimmelte von Spionen und Spionageabwehragenten, die im Auftrag von Hunderten von inländischen und ausländischen Interessengruppen arbeiteten.

Yanō steckte aber mit einem mongolischen Bandenchef namens Lu unter einer Decke. Er drängte Lu dazu, eine Koalition mit Chang, dem obersten Kriegsherrn in diesem Gebiet, einzugehen, gegen die chinesische Zentralregierung zu rebellieren und die Gründung eines unabhängigen mongolischen Staates zu fordern. »Wir werden dir helfen, entsprechendes Material zu beschaffen«, versicherte Yanō dem Bandenchef Lu, »und mit Hilfe von Onisaburō wirst du sicherlich die Herzen der Menschen erobern.«

Nun wurde ein Treffen zwischen Lu und Onisaburō organisiert; anschließend kam man unter anderem überein, daß der Leiter des Omoto-kyō eine Art »Rettungsmission« in die Mongolei anführen sollte. Da sich aber das japanische Shintō unter diesen Umständen als Religion nicht eignete, formulierte Onisaburō aus dem Stegreif den »Omoto-Buddhismus«. Er ernannte sich selbst zur Inkarnation des Dalai Lama als Maitreya (im Gegensatz zur Inkarnation des Dalai Lama als Avalokiteshvara in Tibet); Matsumura als sein Stellvertreter wurde zum Panchen Lama ernannt; alle anderen Mitglieder nahmen ebenfalls königliche chinesische Beinamen an. Morihei hieß nun Wang Shou-kao, »König der Beschützer«.

Lu war ein abergläubischer, naiver und starrköpfiger Mann und von daher eine schlechte Wahl als Kollaborateur in einem so grandiosen Projekt. Er war vollkommen geblendet von Onisaburō — die Physiognomiker und Wahrsager, die er heimlich beauftragt hatte, den Patriarchen des Omoto-kyō zu beurteilen, berichteten, der japanische Lama besitze nicht nur die dreiunddreißig Zeichen eines lebenden Buddhas, sondern auch ein sternförmiges Muttermal auf seinem Rücken und obendrein noch die entsprechenden Stigmata! Deshalb war Lu vollkommen davon überzeugt, daß dieser Welterlöser alle ins gelobte Land führen werde. Zudem konnte er nicht erkennen, daß Chang nur vorgab, seine Sache zu unterstützen; Lu würde sein eigenes Grab schaufeln, kalkulierte Chang richtig, und er selbst, Chang, wäre einen leidigen Rivalen los.

Anfang März machte sich nun die unglückselige Gesellschaft auf den Weg in die Mongolei. Es wurde ihnen die Ehre zuteil, zwei der äußerst raren Autos der Provinz als Leihgabe zu bekommen. Leider waren aber geteerte Straßen bei dem Geschäft nicht vereinbart worden. Die Gruppe wäre nämlich über die endlose Kette von felsigen Straßen, Schlammfeldern und zugefrorenen Flüssen, die sie überwinden mußten, zu Fuß viel schneller vorangekommen. Die Gruppe mußte zahllose Autopannen, entsetzliches Wetter und ständige Schikanen durch örtliche Behörden, Polizei und Armeepatrouillen über sich ergehen lassen, kam aber schließlich in der Grenzstadt Taonan an. Nach einer kurzen Erholungspause und Konsultationen mit den dort operierenden japanischen Agenten setzten sie ihren Weg zur heiligen Stadt Ulanhot in der Mongolei fort.

Ulanhot, ein altes Zentrum des tantrischen Buddhismus, war der ideale Ort für Onisaburōs extravagante Religionsgemeinschaft. Er ritt auf einem schneeweißen Pferd ein, und das Laienvolk und die Lama-Priester waren fasziniert von seiner noblen Erscheinung und der würdevollen Art und Weise, wie er Gebetsstunden und Meditationsrituale durchführte. Zusätzlich zu seinem Können als Psychologe und Gedankenleser kam Onisaburō sein medizinisches Wissen sehr zugute — er hatte ja früher Veterinärmedizin studiert —, und so heilte er schmerzhafte, aber im wesentlichen geringfügigere Erkrankungen, die Mensch und Vieh dort das Leben schwer machten.

Ein Gerücht, das zweifellos von Onisaburō in die Welt gesetzt worden war, machte nun die Runde: der Lama sei in Wirklichkeit Mongole und kein Japaner. Bald nach seiner Geburt sei der mongolische Vater Onisaburōs gestorben und seine Mutter habe einen Japaner geheiratet, der seine Familie in sein Land mitgenommen habe; Onisaburō sei nun als zweiter Dschingis Khan in seine eigentliche Heimat zurückgekehrt, um seine mongolischen Brüder in die Unabhängigkeit zu führen.

Onisaburō andererseits war vollkommen entzückt von der grenzenlosen Weite der mongolischen Landschaft. Als er das Große Kingan-Gebirge besichtigte, wurde er zu folgendem Vers angeregt:

Himmel? Erde?
Oder das weite Meer?
Ich kann es nicht sagen —
Das reine Licht des Mondes über
den weiten Ebenen der Mongolei.

Selbst Morihei wurde schnell zum Lama-Priester ernannt und gab großzügig Vorführungen der *Chinkon-kishin*-Techniken und des Handauflegens zur Heilung von Krankheiten. Als er seine Fähigkeiten als König der Beschützer unter Beweis stellte, indem er äußerst kräftig gebaute mongolische Krieger durch bloßes Berühren zu Fall brachte — die unerfahrenen Kämpfer sahen nicht, daß er auf ihre lebenswichtigen Organe und gewisse vitale Punkte zielte —, sprach es sich sehr schnell herum, Morihei sei ein furchtbarer Hexenmeister. Morihei erteilte nun ausgewählten Soldaten offiziell Unterricht und lernte dabei andererseits eine ganze Menge über die Kampfkünste auf dem Festland.

Onisaburō und Morihei wurden zwar von der Bevölkerung mit Begeisterung gefeiert, dennoch verlangten einige etwas skeptischere Kriegsherren noch mehr Beweise für die Göttlichkeit des Großen Lamas, bevor sie sich bedingungslos der Sache Lus verpflichten wollten.

»Wie wäre es denn, wenn du ein Gewitter herbeizaubern würdest?« sagte Lu zu Onisaburō. »Das dürfte doch für einen lebenden Buddha nicht allzu schwierig sein.«

Onisaburō zögerte noch etwas, aber Matsumura stellte sich gleich als Stellvertreter zur Verfügung. Dann zogen sich die beiden eine Woche lang zurück, um sich auf das wichtige Ereignis vorzubereiten. Am vereinbarten Tag wurden die beiden zu einem Paradeplatz geführt, wo sich eine riesige Menschenmenge versammelt hatte, um zu sehen, ob die beiden Lama-Priester ihr Versprechen einlösen würden. Wie zur Herausforderung war kein einziges Wölkchen am tiefblauen mongolischen Himmel zu sehen. Aber Matsumura gelang es auf unerklärliche Weise, einen Sturm heraufzubeschwören. Wolken türmten sich plötzlich aus dem Nichts auf, Donner grollte, und der Regen prasselte auf die Erde nieder. Als der Fotograf stöhnte: »Oh je, ich glaube, aus unserem Erinnerungsfoto wird leider nichts«, sprang Onisaburō auf, lief in die Mitte des großen Platzes, streckte seine Arme zum Himmel und ließ einen markerschütternden Schrei los. Der Wind legte sich, der Himmel klärte sich auf, die Sonne brach hervor, und das Foto war im Kasten.

Aber selbst diese doch sehr beeindruckende Vorführung hielt keineswegs die Flut der Ereignisse ab, die nun über Lu und seine Gruppe hereinbrach. Die von Yanō versprochenen Waffen tauchten nie auf, und Chang verriet Lus Verschwörung an die Regierung. Als die chinesische Armee begann, den Rebell zu bedrängen, beschloß Lu, in der Stadt Baian Dalai im Süden eine zweite Basis aufzubauen. Onisaburō, der von seinem »göttlichen Botendienst« gewarnt worden war, wies Lu auf die Gefahr hin, die dort auf den Kriegsherrn wartete. »Wenn wir angegriffen werden«, konterte Lu, »kann Eure Heiligkeit ja eine Flutwelle zaubern und unsere Feinde ertränken.«

Die Japaner hatten jedoch keine andere Wahl und begleiteten Lu widerwillig nach Baian Dalai. Die Gruppe wurde mehrmals aus dem Hinterhalt überfallen, überlebte aber wie durch ein Wunder und kam schließlich unversehrt an den Toren der Stadt an. Sehr zu ihrem Kummer wurden sie verhaftet und in Ketten gelegt. Außerdem konfiszierten die Behörden ihre Wertsachen (einschließlich Onisaburōs Platinuhr, seines japanischen Schwertes von unschätzbarem Wert und eines kleinen Vermögens in Gold). Aber wenige Stunden später wurden alle unverhofft wieder auf freien Fuß gesetzt und ins beste Hotel der Stadt gebracht, um dort die Nacht zu verbringen.

Lu und seine Leutnants waren ebenfalls dort; der

gesamten Gruppe wurde Wein und ein vorzügliches Abendessen gereicht, man brachte sogar Frauen für die Soldaten herein. Danach bereitete man ein spezielles Bad, jeder einzelne durfte sich rasieren und die Haare schneiden lassen. Trotz dieser üppigen Bewirtung machten Onisaburō und Lu ein grimmiges Gesicht — sie wußten, daß man nach altem chinesischen Brauch verurteilten Gefangenen zu Ehren in der Nacht vor ihrer Hinrichtung ein Fest gab.

Früh am nächsten Morgen wurden Lu und seine insgesamt 130 Männer geweckt und einer nach dem anderen erschossen. Ein großer Trupp von Soldaten stürzte anschließend mit gezogenen Waffen in den Raum, in dem sich die Japaner befanden. Möglicherweise war Moriheis Ruf als unübertroffener Leibwächter schuld an dieser Vorsichtsmaßnahme. Den Männern wurden Hand- und Fußschellen angelegt, und dann führte man sie zur Hinrichtungsstätte.

Onisaburō und seine Begleiter waren angesichts ihrer ernsten Notlage gefaßt, ja fast fröhlich. »Wenn wir getötet worden sind, achtet darauf, daß eure Seelen in meiner Nähe bleiben, damit ich euch ins Paradies führen kann«, riet Onisaburō Morihei und den anderen Männern. Da diese nicht besonders gut dichten konnten, komponierte Onisaburō für jeden ein »Abschiedsgedicht«. Das vielleicht bewegendste war folgendes:

Wenn auch unsere Körper
hier dahinschwinden
in den Ebenen der Mongolei,

unsere Taten als japanische Patrioten
werden niemals verblassen.

Einer Version des Omoto-kyō zufolge kam nun
genau in diesem Augenblick ein Bote mit der Nachricht
einer Begnadigung in letzter Minute. Tatsächlich ist es
aber so gut wie sicher, daß die Chinesen gar nicht die
Absicht hatten, die angedrohte Hinrichtung auszufüh-
ren. Die lange Zeitspanne zwischen der Ermordung von
Lus Männern und der geplanten Hinrichtung der japanischen Gruppe wurde wenig überzeugend den »defekten
Waffen« zugeschrieben. Sicherlich hätte die chinesische
Armee in ihrem riesigen Arsenal zumindest eine irgendwie funktionierende Waffe auftreiben können, wenn sie
tatsächlich Onisaburōs Gruppe hätte loswerden wollen.
Zu diesem Zeitpunkt war aber wohl das Risiko einer
japanischen Invasion viel zu hoch, und die Chinesen
wollten sicherlich keinen Anlaß dazu liefern, wenn sie
japanische Staatsbürger oder sogar Spione hätten hinrich-
ten lassen. Wie bereits oben erwähnt, waren die Japaner
nur allzu schnell bereit, ihre »Helden« auf jegliche Art
und Weise zu verteidigen, anders als die westlichen
Mächte, die nur selten öffentlich zugaben, Agenten
einzusetzen. Hier haben die Chinesen offensichtlich
geblufft, denn sie übergaben die Gefangenen nur wenige
Tage nach ihrer Verhaftung in die Obhut des dort ansäs-
sigen japanischen Konsuls.

Ende Juli kehrten Onisaburō und Morihei unter
militärischem Geleit der Japaner nach Japan zurück.
Onisaburōs Kaution wurde widerrufen, und man steckte

Onisaburō und seine Gruppe in Fußschellen nach ihrer Gefangennahme durch die chinesische Armee während des »Großen Mongolischen Abenteuers«. Dies war offenbar ein »Erinnerungsfoto«, aufgenommen kurz vor der Übergabe der Gruppe an den japanischen Konsul. Von links Matsumura, Onisaburō, der 41jährige Morihei, ein Mann namens Ogiwara und zwei *agents provocateurs* namens Inoue und Sakamoto. Kenkichi Inoue arbeitete für den japanischen Geheimdienst und war vermutlich auch ein Mitglied der Schwarze-Drachen-Gesellschaft. Zunächst hatte er in Sibirien spioniert, bevor er sich Onisaburō in der Mandschurei anschloß, später operierte er in Peking, wo er für die Komanji-kyō, einer synkretistischen Religion mit enger Verbindung zum Omoto-kyō arbeitete und sie gleichzeitig bespitzelte. Morihei schlug nach seinem Entkommen glücklicherweise einen anderen Weg ein.

ihn erneut ins Gefängnis. Bereits im November wurde er aber wieder freigelassen. (Merkwürdig ist jedoch, daß Onisaburō im darauffolgenden Jahr die Erlaubnis bekam, nach China zu reisen, um dort an einer internationalen religiösen Konferenz in Peking teilzunehmen. Onisaburō hatte zweifellos viele Feinde, aber er muß auch viele einflußreiche Freunde in entsprechenden Positionen gehabt haben, sonst wäre ihm wohl nicht so viel Freiheit zugestanden worden.) Onisaburō ließ bezeichnenderweise das ganze Debakel ziemlich kalt — »Bestimmt war das Timing nicht richtig«, rief er aus —, aber Morihei war ziemlich verbittert über die Art und Weise, mit der der Leiter des Omoto-kyō von politischen Fraktionen »benutzt« wurde, um deren eigene Interessen durchzusetzen.

So ist es nicht verwunderlich, daß Morihei sich durch das »Große Mongolische Abenteuer« vollkommen veränderte, denn er hatte dem Tod sehr häufig ins Auge gesehen. Ganz besonders traf ihn die folgende Begebenheit: »Als wir uns der Stadt Baian Dalai näherten, wurden wir in einem Talkessel eingeschlossen und mit einem Kugelhagel übersät. Wie durch ein Wunder konnte ich die Richtung der Projektile erahnen — Lichtstrahlen wiesen auf ihre Flugrichtung hin —, und so konnte ich den Kugeln rechtzeitig ausweichen. Die Fähigkeit, einem Angriff zuvorzukommen, ist das, was die früheren Meister der Kampfkunst unter ›Voraussicht‹ verstanden haben. Wenn der Geist ruhig und klar ist, kann man Aggression unmittelbar wahrnehmen und ihr begegnen — das ist das Wesen von *Aiki*, so wie ich es erkannt habe.«

Morihei wurde aufgrund zum Teil erschütternder Erfahrungen in der Mongolei rücksichtsvoller und weniger schroff im Umgang mit anderen Menschen, und er intensivierte sein Kampfkunsttraining noch stärker, gab seinen Schülern Messer mit scharfen Klingen und wies sie an, mit voller Wucht anzugreifen. Morihei zog sich von Zeit zu Zeit tief in die Berge seines heimatlichen Kumano zurück, um sich dort den geheimen Praktiken des Kūki-Shintō zu widmen. Diese uralte Form asketischer Übung beinhaltet lange Gebetszeiten, rituelle Waschungen an den heiligen Wasserfällen von Nachi und »Internalisierung« der Kampfkunsttechniken.

Als Morihei wieder in Ayabe war, geriet einiges in Aufruhr. Jeden Abend hörte Moriheis Frau einen schaurigen Ton »Saaaaa« vom Berg herunterschallen, wo Morihei trainierte. (Dort, davon waren Omoto-kyō-Gläubige überzeugt, bekam Morihei Unterricht im Schwertkampf von einem wilden Tengu.) Morgens war das hohe Gras in der Nähe von Moriheis Haus zertrampelt, so als ob ein paar riesige Tiere vorbeigelaufen wären. Und tagsüber fing manchmal der Hausaltar zu klappern und zu wackeln an, und es waren hohe schrille Töne zu hören.

Im Frühjahr 1925 wurde der 42jährige Morihei durch eine göttliche Vision umgewandelt. Morihei hat die Begebenheit im Laufe der Jahre in verschiedenen Versionen erzählt und später, als er schon über 70 Jahre alt war, mehrere voneinander getrennte Erlebnisse zu folgender Version zusammengefügt:

Eines Tages kam ein Marineoffizier zu Besuch nach Ayabe und beschloß, Morihei zu einem Kendō-Wettkampf herauszufordern. Morihei willigte ein, trat aber unbewaffnet an. Der Offizier, ein Meister des Schwertes von hohem Rang, fühlte sich natürlich durch diesen Affront in seiner Ehre sehr verletzt und ging wütend auf Morihei los. Morihei fiel es nicht schwer, den wiederholten Schlägen und Stößen des Offiziers zu entgehen. Als der Offizier schließlich erschöpft seine Niederlage eingestand, bat er Morihei, ihm sein Geheimnis anzuvertrauen.

»Kurz vor Ihren Angriffen blitzte ein Lichtstrahl vor meinen Augen auf, der mir die beabsichtigte Richtung des Angriffs verriet.«

Nach Beendigung des Kampfes ging Morihei in seinen Garten und schöpfte Wasser aus dem Brunnen, um sich den Schweiß von Händen und Gesicht zu waschen. Plötzlich begann er zu zittern und fühlte sich völlig bewegungsunfähig. Der Boden unter seinen Füßen begann zu vibrieren, und vom Himmel strömten Strahlen reinen Lichts auf ihn herab. Ein goldener Dunst umhüllte seinen Körper und ließ seine belanglos gewordenen Wahrnehmungen verschwinden: er wurde zu einem erleuchteten Wesen. Morihei nahm die inneren Zusammenhänge des Kosmos wahr und hatte die Erkenntnis: »Ich bin das Universum!« Die Schranken zwischen der materiellen, der verborgenen und der göttlichen Welt fielen in sich zusammen; gleichzeitig erkannte er, daß nicht Streit das Herz des Budō ist, sondern Liebe, eine Liebe, die alles Bestehende achtet und schützt.

Diese überwältigende Erfahrung wurde natürlich in Verbindung gebracht mit Moriheis Omoto-kyō-Glauben: »Vereinigung mit dem Göttlichen« war der zentrale Glaubenssatz dieser Religion, und Morihei hat seine ungeheure Umwandlung in der Sprache ausgedrückt, die ihm vertraut war. Ob wir nun Moriheis Aussage für bare Münze nehmen oder seine Erleuchtung »rationaler«, nämlich als Ergebnis seines ungeheuren Bemühens, seiner übermenschlichen Stärke und seiner angeborenen Fähigkeiten ansehen, so war Morihei jedenfalls danach zweifellos ein anderer Mann. Sein sechster Sinn, diese Vorahnung, war vollkommen entwickelt, und er war nun als Meister der Kampfkunst unbesiegbar.

3

Nach Moriheis Erleuchtung schwörten einige mit hellseherischen Fähigkeiten ausgestattete Anhänger des Omoto-kyō, sie würden deutlich Strahlen erkennen können, die aus Moriheis Körper ausströmten. Morihei konnte aus unglaublicher Entfernung über einen Angreifer hinweg springen und enorm schwere Felsblöcke verschieben. Er konnte sogar Kugeln ausweichen, die aus kürzester Entfernung abgefeuert wurden. Einmal stellte sich eine Gruppe von Armeeoffizieren, die zum Omoto-kyō gehörten, wie zu einem Exekutionskommando vor Morihei auf und zielten mit ihren Pistolen direkt auf sein Herz. In dem Augenblick, als sie abdrückten, stieß Morihei einen markerschütternden Schrei aus und warf alle zu Boden.

Die erstaunliche Kraft, die Morihei nun besaß, erregte auch außerhalb der Omoto-kyō-Kreise einiges Aufsehen.

Neben den Militärs, die nach Ayabe kamen, um unter Morihei zu trainieren, reiste auch eine Anzahl von Sportstudenten aus Tōkyō an, um »Japans größten Meister der Kampfkunst« herauszufordern. Als Shūtarō Nishimura, ein wilder, verbissener Mann, Mitglied des berühmten Jūdō-Clubs der Waseda-Universität, hörte, daß Onisaburō Morihei als den größten Meister der

Kampfkunst aller Zeiten bezeichnete, bat er sofort darum, Morihei vorgestellt zu werden. Als er Morihei zum ersten Mal gegenüberstand, dachte Nishimura so bei sich: »Soll das ein Witz sein? Wie kann dieser alte Bauerntölpel der stärkste Mann von Japan sein?« Aber als der von sich überzeugte Nishimura auf Morihei zuging, fand er sich plötzlich, sehr zu seiner Überraschung, auf seinem Hintern am Boden wieder. Morihei faltete ein Stück Papier und wedelte damit vor Nishimuras entsetztem Gesicht hin und her. »Pack's doch, wenn du kannst!« Morihei forderte ihn heraus.

Egal wie flink Nishimura sich bewegte, er bekam das Stück Papier einfach nicht zu fassen; im Gegenteil, er wurde ständig zu Boden geschleudert. Ein letzter massiver Angriff scheiterte ebenfalls — Nishimura blickte von der Matte hoch in Moriheis lächelndes Gesicht und fragte sich: »Gibt es wirklich eine Kampfkunst, bei der man seinen Angreifer mit einem Lächeln zu Fall bringt?«

Nishimura schickte viele seiner Jūdōka zu Morihei, auch Kenji Tomiki, der einer der besten Kampfkunstmeister Japans werden sollte. Tomiki sagte einmal: »Ich habe praktisch sämtliche überragenden Männer aus dem Jūdō und Jūjutsu in meiner Laufbahn getroffen, aber kein einziger von ihnen konnte Morihei das Wasser reichen. Er war weitaus besser als der Beste, der mir je begegnet ist. Wahrscheinlich ist er der begabteste Meister aller Zeiten.« Die Nachricht, wie leicht Moriheis Schülerinnen mit Schlägertypen und Betrunkenen zurechtkamen, verbreitete sich schnell unter den weiblichen Kampfkunstschülern.

Im Herbst 1925 vereinbarte der einflußreiche Admiral Isamu Takeshita mit Morihei eine Sondervorführung in Tōkyō für eine ausgewählte Gruppe einflußreicher Persönlichkeiten. Morihei zeigte vor allem Lanzentechniken, und als er gefragt wurde, welcher Schule er angehöre, antwortete er, sein Stil sei »natürliche Bewegung, die er ganz unabhängig entwickelt habe«.

Einer der Zuschauer warf ein: »Man erzählt sich, daß früher Genba Tawarabashi zwanzig Säcke Reis hochheben und ganz schnell hintereinander mit seiner Lanze werfen konnte. Können Sie das auch?«

»Mal sehen«, sagte Morihei.

Man trug zwanzig 125-Pfund schwere Säcke in den Garten (die Vorführung wurde in einem riesigen Privathaus abgehalten). Die Säcke wurden nun in zwei Haufen geteilt, einer zeigte nach Westen, einer nach Osten. Morihei spießte abwechselnd die Säcke von jedem Haufen auf, hob sie hoch und warf sie, ohne daß ein einziges Reiskorn herausrieselte, auf jeweils zwei neue, ordentliche Stapel in südlicher und nördlicher Richtung.

Nach dieser eindrucksvollen Demonstration bat Graf Yamamoto, ein ehemaliger Premierminister, Morihei darum, im Palast von Aoyama einen dreiwöchigen Trainingskurs für Mitglieder der kaiserlichen Familie und deren Leibwächter abzuhalten. Dieser Kurs ging in der ersten Woche glatt über die Bühne, aber dann protestierten mehrere Regierungsbeamte dagegen, weil sie befürchteten, Morihei sei ein »Geheimagent« des Omoto-kyō. Obwohl Yamamoto und weitere hochrangige Staatsmänner sich für Morihei verbürgten, war dieser so verärgert über die Anschuldigung, daß er die noch verbleibenden Unterrichtsstunden absagte und beleidigt verkündete, er werde nach Ayabe zurückkehren und dort seine Arbeit in der Landwirtschaft wieder aufnehmen.

Morihei kehrte also nach Ayabe zurück, aber im Frühjahr 1926 überredete Admiral Takeshita ihn ein zweites Mal, nach Tōkyō zu kommen. Er versicherte ihm, daß es keine weiteren »Mißverständnisse« mehr geben werde. Morihei war zwar nicht ganz davon überzeugt, aber er willigte, wenn auch zögernd, ein. Nach seiner Ankunft in der Hauptstadt blieb er kurze Zeit im Haus eines Industriemagnaten im Stadtteil Yotsuya und anschließend in einem kleinen Dōjō auf dem Grundstück eines anderen Industriellen in Shinagawa.

Morihei ging es jedoch nicht sehr gut. Eines Tages brach er nach dem Training zusammen und schien dem Tode nahe zu sein. Während seiner Bewußtlosigkeit erlebte er eine zweite Vision, dieses Mal von einem regenbogenfarbenen Mädchen, das auf einer himmlischen Schildkröte ritt; Morihei interpretierte diese Vision als Omen göttlicher Gunst.

Seine Ärzte waren aber anderer Ansicht und diagnostizierten eine unheilbare Krankheit. Obwohl Morihei keinen Magenkrebs hatte, wie zunächst befürchtet wurde, führten blutende Magengeschwüre und extreme Erschöpfung zu einem äußerst kritischen Gesundheitszustand. Als Onisaburō Morihei in Tōkyō besuchte, erschrak er über den entsetzlichen Zustand seines getreuen Schülers und schickte ihn sehr besorgt nach Ayabe zurück, damit er sich dort erholen könne. Kurz nachdem Morihei mit Onisaburō, der unter ständiger polizeilicher Beobachtung stand, gesprochen hatte, wurde er von zwei Polizisten in Zivil angesprochen und zum Polizeipräsidium gebracht.

»Einer Ihrer Schüler ist ein gefährlicher Rechtsradikaler«, eröffnete man Morihei. »Was wissen Sie über ihn?« fragte der Polizeibeamte.

»Nichts«, antwortete Morihei ehrlich. »Ich habe mir nichts zuschulden kommen lassen. Warum behandeln Sie mich so?« Morihei wurde auf freien Fuß gesetzt, aber dieser Vorfall hat ihm physisch und psychisch schwer zugesetzt, und so kehrte er zu seiner Familie nach Ayabe zurück.

Sechs Monate später tauchten Takeshita und weitere Anhänger Moriheis wiederum in Ayabe auf und flehten Morihei an, er möge sich doch für immer in Tōkyō niederlassen. Onisaburō gab Morihei seinen Segen — »Budō wird dein *yūsei* sein, eine Übung, um das Göttliche zu offenbaren«, und Morihei, der nun eine endgültige Entscheidung treffen wollte, nahm auf seiner mittlerweile dritten Reise nach Tōkyō Frau und Kinder mit.

Die Familie wurde in einem hübschen Haus im Stadtteil Shiba Shirogane untergebracht, aber leider verlor Morihei irgendwo zwischen Ayabe und Tōkyō seine Brieftasche, und so kam die Familie ohne einen Pfennig in der Hauptstadt an. Morihei war viel zu stolz, als daß er jemandem von seinem Dilemma erzählt hätte. Glücklicherweise bemerkte ein aufmerksamer Bekannter die Schwierigkeit und erfuhr die Gründe für den Geldmangel. Natürlich wurde sofort Abhilfe geschaffen.

Nun richtete man in einem umgebauten Billardraum im Haus des Grafen Shimazu ein vorläufiges Dōjō ein. Innerhalb des nächsten Jahres mußte die Familie in ein größeres Gebäude in Shiba Mita umziehen und später in ein noch größeres Haus in Shiba Kuruma, direkt neben dem berühmten Sangakuji, der Begräbnisstätte der »Siebenundvierzig Rōnin (= herrenlose Samurai)«. Als sich herausstellte, daß das behelfsmäßige Dōjō dem Ansturm von Schülern nicht mehr gewachsen war — die Leute mußten in einer langen Schlange warten, bis sie auf der Matte üben durften —, entwarfen einige von Moriheis wohlhabenderen Freunden Pläne für den Bau einer großen Übungshalle. Im Distrikt von Wakamatsu wurde ein Grundstück gekauft und ein Fonds eingerichtet.

Während das Dōjō gebaut wurde, mieteten Morihei und seine Familie ein Haus in Mejiro. Dort hatte Morihei zwei denkwürdige Begegnungen.

Die erste Begegnung fand mit General Miura statt, einem Helden aus dem Russisch-Japanischen Krieg. Miura wurde dadurch berühmt, daß er über 50 russische Soldaten mit seinem Offiziersschwert niederschlug, obwohl ein russisches Bajonett seine Brust durchstoßen hatte. Miura war ebenfalls Schüler von Sōkaku gewesen und wollte herausfinden, ob Moriheis Stärke glaubwürdig war.

Nachdem man ein paar Höflichkeiten ausgetauscht hatte, bat Miura um eine Demonstration. Der General hatte überhaupt keine Angst und hegte insgeheim den Wunsch, den Emporkömmling Morihei zu demütigen, und so griff er mit voller Wucht an. Trotz seiner eisernen Entschlossenheit und seines kämpferischen Könnens wurde Miura — wie alle Herausforderer — von Morihei vollkommen beherrscht. Miura entschuldigte sich für sein unbesonnenes Verhalten und bat darum, als Schüler aufgenommen zu werden. »Ihre Techniken sind meilenweit entfernt von denen des Daitō-ryū. Das ist wahres Budō. Bitte nehmen Sie mich als Schüler auf.«

Morihei hatte also keinerlei Schwierigkeiten, mit Miura fertigzuwerden. Dennoch fragte sich der General, wie gut Morihei es wohl bei einem Mehrfachangriff, bei dem alles erlaubt wäre, ergehen würde. Miura organisierte schließlich eine Vorführung, die Morihei vor der Militärakademie in Toyama geben sollte. Nach der Vorführung teilte er Morihei mit, daß die Kadetten eine weitere Demonstration seiner Stärke sehen wollten.

»Ja, wirklich?« fragte Morihei, wobei er den neben ihm stehenden Kadetten mit einer Hand packte und hoch in die Luft hob. Dann legte Morihei seine Hand auf Miuras Schulter und rief den Kadetten zu, sie sollten sich rittlings auf seinen ausgestreckten Arm setzen. Acht Kadetten drängten sich dicht aneinander, bis kein Platz mehr für weitere da war.

Angefeuert von Miura forderten die großspurigen Kadetten Morihei mit Holzlanzen heraus. Sie rieten ihm, eine Rüstung zu tragen, aber Morihei lehnte ab: »Das wird nicht nötig sein. Wollt ihr denn nacheinander angreifen?«

»Selbstverständlich!«

»Das ist zu einfach. Bei meiner Art von Budō sind

Morihei, ungefähr 50 Jahre alt, auf dem Höhepunkt körperlicher Leistungsfähigkeit. In der Zeit vor dem Krieg war ein harter, kämpferischer Charakterzug vorherrschend — wie auf dem Bild zu sehen ist —, streng, ernst, entschlossen. Moriheis scharfer, durchdringender Blick kündigt an, daß er gefaßt ist auf jeden, der dumm genug ist, ihn anzugreifen.

wir auf Angreifer aus allen Richtungen gefaßt. Greift mich alle gleichzeitig an!«

Die Kadetten zögerten zunächst, und nur einer trat hervor. Als er durch die Luft flog, gab es bei den anderen kein Halten mehr. Sie stürmten vorwärts und fanden sich blitzschnell am Boden übereinander liegend wieder.

Jigorō Kanō, der Begründer des Kōdōkan-Jūdō, stattete dem Dōjō in Mejiro im Oktober 1930 einen Besuch ab. Kanō war Kosmopolit und Intellektueller und sprach ausgezeichnet Englisch. Er war auf vielen Ebenen das absolute Gegenteil von Morihei, dem etwas altmodischen Mystiker, aber auch er war geblendet von Moriheis Techniken. »Das ist ideales Budō — wahres Jūdō« rief Kanō aus, nachdem er Moriheis Vorführung miterlebt hatte. Bescheiden bat Kanō Morihei darum, zwei seiner fortgeschrittenen Schüler aufzunehmen. Morihei willigte ein, und Kanō ließ sich von ihnen regelmäßig Berichte über die Ergebnisse und Fortschritte ihres Trainings bei dem Meister geben. Kanō und Morihei trafen sich offenbar später noch einmal, und nachdem Morihei mit vier oder fünf von Kanōs besten Schülern herumgespielt hatte, fragte er den Jūdō-Patriarchen ziemlich brüsk: »Was für eine Art Budō lehren Sie eigentlich im Kōdōkan?«

Etwas verlegen antwortete Kanō: »Unser System ist mehr eine Art Leibeserziehung als reines Budō.«

Obwohl die beiden später recht gut miteinander auskamen, lehnte Morihei es zu jenem Zeitpunkt rigoros ab, Kanōs Chief Instructor namens Kyūzo Mifune irgendeine Technik zu zeigen, aus Angst, Mifune würde sie ihm »stehlen«. Leute, die mit beiden Lehrern trainiert hatten, stellten fest, daß die Bewegungsabläufe und Techniken wirklich recht ähnlich waren, so daß Morihei tatsächlich Grund zur Sorge hatte.

Die Eröffnungszeremonie für das neue Dōjō wurde im April 1931 gefeiert. Es wurde zum Kōbukan, der »Kaiserlichen Halle der Krieger« gekrönt. »Kaiserlich« bezieht sich auf den »kaiserlichen« Weg, der unter anderem vom Omoto-kyō propagiert wurde. Das Göttliche Land Japan, so glaubte man, würde die Welt aus der Dunkelheit des Chaos ins Licht der Erlösung führen.

Im darauffolgenden Sommer wurde die Dai Nihon Budō Senyō Kai (Gesellschaft zur Förderung Japanischer Kampfkünste) unter der Schirmherrschaft der Omoto-kyō-Organisation gegründet und Morihei zum Chief Instructor ernannt. Das zentrale Dōjō dieser Organisation befand sich in Takeda, einem Bergdorf in der Präfektur Hyōgo. Eine leerstehende Sake-Brauerei wurde in eine provisorische Übungshalle verwandelt, um die rasch expandierende Miliz des Omoto-kyō unterrichten zu können. Morihei unterrichtete dort während der Sommermonate.

Morihei rekrutierte häufig bei Zusammenkünften des Omoto-kyō neue Mitglieder für das Budō Senyō Kai. Er verkündete: »Ihr jungen Leute von heute habt keinerlei Kraft mehr. Wenn jemand von euch glaubt, er könne es mit mir aufnehmen, dann soll er hierher kommen.« Häufig sprangen dann vier oder fünf Jugendliche auf, stellten sich der Herausforderung und traten der Organisation bei, nachdem sie von Morihei quer durch den

Raum geworfen worden waren.

Das Training in dem abgeschiedenen Takeda war besonders hart und streng; die Tage waren angefüllt mit rigorosem Kampftraining und schwerer Arbeit auf dem Feld. Es herrschte eine verbissene Alles-oder-Nichts-Atmosphäre in Takeda, und schon bald gab es einen Bruch zwischen den glühenden Anhängern der Religionsgemeinschaft Omoto-kyō, die sich auf einen heiligen Krieg vorbereiteten, und den Lehrern, die weder der Gemeinschaft angehörten noch den Glauben teilten. Morihei gelang es zwar, die explosive Situation etwas zu entschärfen, aber die Lage blieb danach immer noch sehr gespannt.

Morihei unterrichtete also am Kōbukan in Takeda und weiteren Dōjō, die zum Omoto-kyō gehörten; außerdem lehrte er an der Akademie von Toyama, der Marineakademie, der Generalsstabsakademie und der Militärakademie der Polizei.

Nachdem Morihei sich nun endgültig in Tōkyō niedergelassen hatte, wurde sein Dōjō zum Zentrum geschäftiger Aktivitäten. Massen von Schülern forderten die Zulassung zum Unterricht, aber Morihei war äußerst wählerisch, verlangte entsprechende Empfehlungsschreiben, zwei verantwortliche Sponsoren und vor allem ein persönliches Interview. Wenn ihm nicht gefiel, was er sah, wurde der Kandidat ohne weitere Erklärung sofort abgewiesen. Wenn er allerdings erkennen konnte, daß der Antragssteller aufrichtig war, nahm er sie oder ihn ohne Einschränkung auf. Es gab keine feste Gebührenordnung, aber jeder Uchideshi bot eine Art von Bezah-

Morihei mit seiner Frau Hatsu, seinem einzigen überlebenden Sohn
Kisshōmaru und einer seiner Nichten vor seinem Haus in Tōkyō, etwa
in den späten 30er Jahren.

lung an, sei es in bar oder in Form von Lebensmitteln, Vorräten oder Arbeit. Die Übungsstunden fanden morgens von sechs bis sieben und von neun bis zehn Uhr statt, am Nachmittag von zwei bis vier Uhr und abends von sieben bis acht Uhr.

Die Uchideshi schliefen im Dōjō, kümmerten sich um die Wäsche und andere Hausarbeit und arbeiteten als Moriheis persönliche »Diener«. Uchideshi mußten sich Tag und Nacht bereit halten. Wenn Morihei sie bei anderen Dingen ertappte, wie beispielsweise einem zu langen Telefongespräch, oder wenn sie ohne die notwendige Vorsicht einen Raum betraten oder um eine Ecke bogen, erhielten sie einen scharfen Verweis.

Die folgende Begebenheit spielte sich zwar erst nach dem Krieg ab, aber sie veranschaulicht Moriheis Ausspruch, daß man vierundzwanzig Stunden am Tag üben müsse. Einer der Lehrer im Hauptdojo kam eines Tages von einer Reise nach Übersee mit einer auffälligen Lederjacke zurück, was damals ein wertvolles Kleidungsstück war, das man in Japan nicht kaufen konnte. Diese Lederjacke wurde nun aus dem Schließfachraum gestohlen, und der aufgebrachte Lehrer trommelte alle Schüler zusammen und beschimpfte sie wegen ihrer unverzeihlichen Unaufmerksamkeit. Morihei kam zufälligerweise vorbei und wollte den Grund für die Aufregung wissen. Als man ihm erzählte, was geschehen war, sagte er: »Gestohlen, ja?« und lief stumm um die Gruppe der am Boden sitzenden Schüler herum. Plötzlich fuhr Morihei den Lehrer an: »*Sie* sind im Unrecht!« Dann drehte er sich um und verließ die Halle. Die anderen blieben sitzen und dachten über die Bedeutung seiner Worte nach. Später bat einer der Uchideshi, der immer noch über Moriheis Bemerkung rätselte, den Meister um eine Erklärung.

»Begreifst du das nicht? Ein Kampfkunstexperte sollte niemals angeben oder sich an materiellen Besitz klammern. Mit dieser Einstellung gibt man sich und dem anderen eine ›Lücke‹. Der Lehrer hat sich von seiner Besitzgier leiten lassen. Nun schau dir an, was dabei herausgekommen ist!«

Da Morihei ständig mit neuen Formen experimentierte und neuartige Techniken entwickelte, gab es keinen systematischen, schrittweisen Unterricht. Die Schüler arbeiteten an dem, was Morihei zufälligerweise gerade erforschte. Ein Uchideshi erinnert sich, daß Morihei offenbar von neuen Techniken geträumt haben muß, denn er weckte manchmal seine Schüler mitten in der Nacht auf und probierte seine neuesten Errungenschaften aus!

Während dieser Zeit am Kōbukan beschäftigte sich Morihei auch eingehend mit Schwerttechniken, und zwar so intensiv, daß er eine gesonderte Kendō-Abteilung dafür einrichtete. Moriheis Adoptiv- und Schwiegersohn Kiyoshi Nakakura, der beste Schüler des berühmten Kendō-Meisters Hakudō Nakayama, leitete das Kendō-Training. (Nakakuras fehlende Begeisterung für den Omoto-kyō-Glauben seines Schwiegervaters zusammen mit ungelösten Eheproblemen führten aber schließlich dazu, daß er die Familie Ueshiba wenige Jahre nach seiner Adoption wieder verließ.)

Zu den ersten Studenten am Kōbukan gehörte Yō-ichirō Inoue, ein bei der Familie Ueshiba lebender Verwandter. Er war körperlich gesehen das genaue Ebenbild von Morihei. Inoue weiß zwar wahrscheinlich mehr über Moriheis Werdegang und seine Techniken als jeder andere, aber er trinkt, ist nicht sehr mitteilsam und gilt als regelrechter Einzelgänger. Er leitet eine kleine Kampfkunstschule mit dem Namen Shin'ei Taidō. Eine ähnliche Figur ist der herkulische Tsutomu Yukawa, neben Morihei wohl der stärkste Mann im Kōbukan. Yukawa konnte mit bloßen Händen Nägel verbiegen und einen dicken Balken, auf dem zwei Männer standen, mühelos hochheben. Leider wurde Yukawa, ein Trinker, bei einer Schlägerei in einer Bar in Osaka während des Krieges erstochen. Kenji Tomiki und Minoru Mochizuki waren richtiggehend vernarrt in Moriheis Techniken, haben aber nie die Treue zu Jigorō Kanō gebrochen. Beide Männer (Tomiki starb Anfang der 80er Jahre) gründeten unabhängige Schulen, in denen sie Elemente aus dem Jūdō, Aikidō und (im Falle von Mochizuki Karate und Kendō) miteinander verknüpften. Hajime Iwata und Rinjirō Shirata waren zwei Jūdōka, die voll und ganz auf Aiki-Budō überschwenkten. Iwata ist heute immer noch in der Gegend von Osaka tätig; der hoch-geachtete Shirata, das »Wunder vom Kōbukan«, ist vermutlich der einzige Lehrer, der sowohl den Vorkriegs-stil als auch den Nachkriegsstil des Aikidō erfolgreich integriert hat.

Takako Kunigoshi sollte noch besonders erwähnt werden. Diese lebendige junge Frau trainierte unter denselben Bedingungen wie die Männer. Sie bat weder um Schonung noch gewährte sie den anderen Pardon. Sie wurde häufig von Morihei gebeten, seine Taschen zu tragen oder als Partnerin bei Demonstrationen zu fungieren. Er wollte damit veranschaulichen, daß Frauen, die die Kōbukan-Techniken gegen männlichen Angreifer einsetzten, immer Erfolg hatten. Der Rektor einer Oberschule, der sehr beeindruckt von Takakos anmutiger Haltung und ihrem ungewöhnlichen Auftreten war, fragte sie einmal, als er sie beim Kehren des Grundstücks eines Schreins sah: »Wo haben Sie gelernt, sich so zu bewegen?« Als sie ihm antwortete: »Am Kōbukan«, beschloß er, sofort einen seiner besten Jūdō-Kämpfer, einen jungen Mann namens Gōzō Shioda, dorthin zu schicken. Shioda wurde in der Folgezeit einer von Moriheis besten Uchidechi, gründete später sein eigenes unabhängige Yōshinkan und unterrichtet hartes Aikidō alten Stils.

Morihei erlangte in der Hauptstadt eine solche Berühmtheit, daß ihm angeordnet wurde, eine Vorführung vor Kaiser Hirohito zu geben. Morihei lehnte zunächst ab und gab folgende Begründung: »Ich kann vor seiner Majestät dem Kaiser keine ›unechten‹ Techniken zeigen, denn in einem echten Kampf wären die Gegner nie in der Lage, wieder aufzuspringen und mich von neuem anzugreifen — sie wären nämlich auf der Stelle tot.« Moriheis Gedanken wurden dem Kaiser mitgeteilt, der daraufhin äußerte, er verstünde Moriheis Position, würde es aber dennoch schätzen, Moriheis Kunst zu sehen, auch wenn sie in der üblichen Weise dargeboten würde.

Eine Woche vor der geplanten Vorführung lag Morihei krank darnieder; er litt an einer Erkrankung des Magen-Darm-Traktes. Er mußte sich ständig erbrechen und war bis zum Tage der Vorführung extrem ausgetrocknet und schwach. Trotz seines kritischen Gesundheitszustandes wollte Morihei seinen Auftritt bei der Vorführung nicht absagen. Als er zur Halle getragen wurde und man ihm in seine Trainingskleider half, blickten die beiden Uchideshi Yukawa und Shioda, die Morihei begleitet hatten, in das totenbleiche, ausgezehrte Gesicht ihres Lehrers und fragten sich »Wie kann er bloß in seinem Zustand eine Demonstration geben? Das wird er nicht überleben.«

Sobald jedoch Morihei der Anwesenheit des Kaisers gewahr wurde, richtete er sich plötzlich auf und lief mit großen Schritten zur Mitte der Halle. Yukawa befürchtete, sein Lehrer könne nur ein Zehntel seiner sonstigen Kraft aufbieten und hielt sich deshalb zurück, als er zum Angriff ansetzte. Er war nicht auf der Hut und brach sich den Arm, als Morihei ihn mit der üblichen Kraft warf. Deshalb mußte Shioda sämtliche Würfe der Demonstration von insgesamt vierzig Minuten auf sich nehmen. Alle drei brachen zusammen, sobald sie die Halle verlassen hatten und verbrachten den Rest der Woche im Bett, um sich zu erholen.

Bevor ich nun erzähle, wie Aikidō entstanden ist, möchte ich gerne Moriheis Beziehung zu den beiden Männern, die ihn am stärksten beeinflußt haben, nämlich Sōkaku Takeda und Onisaburō Deguchi, zusammenfassen.

Wie ich bereits zuvor angedeutet habe, war die Beziehung zwischen Sōkaku und Morihei eigentlich von Anfang an recht gespannt. Sōkakus Sohn Tokimune, der gegenwärtig das Daitō-ryū leitet, hat zwar von großer Zuneigung seines Vaters gegenüber Morihei gesprochen, aber in Wahrheit war Sōkaku ungeheuer eifersüchtig auf Morihei; er überfiel regelrecht Moriheis Dōjō, um Schüler abzuwerben — »Trainiert mit *mir*, dem wahren Meister des Daitō-ryū« — und erpresste tatsächlich Geld von seinem besten Schüler. Sōkaku lud sich selbst ins Kōbukan ein, kurz nachdem es eröffnet worden war, und überreichte Morihei eine Urkunde, die dieser weder brauchte noch wollte. Die Gebühr für dieses Zeugnis war in den offiziellen Büchern recht bescheiden ausgewiesen, aber Morihei war gezwungen, sämtliche Auslagen Sōkakus zu begleichen und ihm obendrein noch ein beträchtliches Geldgeschenk als »Dankeschön« zu geben. Morihei hat sich häufig darüber beklagt, daß er tatsächlich Hunderte von Dollar für jede einzelne Technik, die er von Sōkaku gelernt hatte, bezahlen mußte.

Während Morihei sich stets tadellos gegenüber seinem früheren Lehrer verhielt, wußten die Leute im Omoto-kyō und später im Kōbukan sehr gut, wie entsetzt Morihei über Sōkakus unerwünschte Besuche war. Fast ohne Ausnahme (eine davon ist Takuma Hisa, der sich von Moriheis Gruppe löste, um bei Sōkaku zu trainieren) hinterließ der jähzornige kleine Tyrann einen höchst negativen Eindruck bei allen Freunden und Schülern Moriheis. Morihei hatte Sōkaku schon lange als Meister der Kampfkunst übertroffen. Einer der ersten Uchideshi berichtet darüber: »Sōkaku hat niemals den Versuch gemacht, im Kōbukan zu unterrichten, aber eines Abends wollte er einigen von uns Uchideshi die »richtige« Methode demonstrieren, wie man eine Haltetechnik ansetzt. Ich tat so, als ob der Griff wirksam sei, aber in Wirklichkeit tat er überhaupt nicht weh, und ich hätte sehr leicht widerstehen oder kontern können — das wäre uns mit Ueshiba nie passiert.«

Anfangs hatte Morihei, der im wesentlichen ein Autodidakt war, seine Zeugnisse des Daitō-ryū dafür verwendet, sich selbst ein gewisses Maß an Legitimität in einem Land zu geben, in dem unmäßig viel Wert gelegt wird auf Urkunden und Zeugnisse. Nach Sōkakus letztem Besuch im Kōbukan hängte Morihei die Zeugnisse des Daitō-ryū aus der Übungshalle ab und distanzierte sich damit von dem Krieger der alten Schule. Sōkaku führte weiterhin sein Wanderleben und starb 1943 im Alter von 83 Jahren.

Moriheis Beziehung mit Onisaburō war sehr viel reichhaltiger und positiver. Er war dem »Großen Guru« treu ergeben, und nach den vielen gemeinsam durchgestandenen Abenteuern hatten diese beiden exzentrischen, außerordentlich talentierten Männer tiefe Hochachtung vor den Fähigkeiten des anderen. Morihei und Onisaburō befanden sich auf derselben geistigen Wellenlänge; wie im dritten Teil dieses Buches gezeigt werden wird, wurzelt die Philosophie des Aikidō tief in der Lehre des Omoto-kyō — tatsächlich sind die beiden in gewisser Weise austauschbar. Morihei blieb der Glaubenslehre des Omoto-kyō sein Leben lang treu und beteuerte immer wieder, daß Onisaburō ihm den Weg gezeigt habe.

Trotz ihrer natürlichen Verbundenheit fühlten sich beide Männer dazu gezwungen, letztendlich getrennte Wege zu gehen. Nachdem Morihei 1929 Ayabe endgültig verlassen hatte — mit Segnungen und Ermutigungen von Seiten Onisaburōs —, wurde er aufgeschlossener anderen gegenüber und widmete sich ganz der neuen Aufgabe, seinen eigenen, einzigartigen »Weg« zu formulieren, der sowohl vom Daitō-ryū als auch vom Omoto-kyō unabhängig werden sollte.

Das Lockern der Bindungen zum Omoto-kyō geschah zufällig. Die Regierung wäre wahrscheinlich etwas nachsichtiger mit Onisaburōs Phantasien umgegangen, wenn er seine Faxen auf Ayabe beschränkt hätte. Als das Omoto-kyō jedoch paramilitärische Verbände gründete, Waffenlager anlegte und Verbindungen zu ultranationalistischen Gruppen knüpfte, wozu noch Onisaburōs öffentliche Auftritte in kaiserlichen Insignien kamen, fühlten sich die alarmierten Behörden dazu veranlaßt einzuschreiten.

Am Morgen des 8. Dezember 1935 stürmten fünfhundert schwerbewaffnete Polizeibeamte fast sämtliche Zentren des Omoto-kyō und verhafteten Onisaburō und die meisten seiner persönlichen Berater. Sie wurden wegen Hochverrats, Majestätsbeleidigung und Anstiftung zum bewaffneten Aufstand angeklagt. Auch Morihei war Ziel dieses harten Durchgreifens von Seiten der Behörden.

Wie bereits zuvor erwähnt, wurde Morihei als prominentes Mitglied des Omoto-kyō polizeilich überwacht. Regierungsbeamte hatten einmal versucht, einen »Agenten« ins Kōbukan einzuschleusen. Ein gewisser Mann gab vor, ein Empfehlungsschreiben von Jigorō Kanō zu besitzen und bat darum, als Uchideshi ins Kōbukan aufgenommen zu werden. Morihei, der den Betrug durchschaute, antwortete: »Nur wenn Sie meinen neuen Schüler bezwingen können.«

Morihei lief hinaus und sprach mit dem Neuling, der gerade den Garten fegte. Er erklärte ihm die Lage und lehrte den Anfänger eine spezielle Technik.

»Wende diese Technik an«, riet Morihei, »aber wenn du dabei dein Leben nicht aufs Spiel setzt, wird sie dir nichts nützen.«

Der Neuling wandte die Technik also an, so als ob es für ihn kein Morgen gäbe und warf seinen Gegner zu Boden. Als der gedemütigte Herausforderer abreisen wollte, fragte Morihei in lässigem Ton: »Wer hat Ihnen denn befohlen, mich auszuspionieren?«

Nach der Gründung des Budō Senyō Kai mußte Morihei noch intensivere Überprüfungen über sich ergehen lassen, und am 8. Dezember wurde vom Polizeipräsidium in Kyōto ein Haftbefehl gegen ihn ausgestellt.

Morihei, der mit größter Wahrscheinlichkeit von seinen Schülern, die bei der Polizei waren, vor der bevorstehenden Razzia gewarnt worden war, befand sich an jenem Tag in Osaka. Der dortige Polizeichef Kanji Tomita (der später Generalsekretär des Kabinetts unter Konoe werden sollte), war ein Schüler von Morihei, und er sorgte dafür, daß sein Lehrer so höflich wie möglich verhört wurde — wenngleich über zwölf Stunden lang —, anstatt ins Gefängnis geworfen zu werden. Als die Polizei in Kyōto jedoch darauf bestand, Morihei in polizeiliches Gewahrsam zu nehmen, schickte Tomita seinen Lehrer nach Sonezaki, wo ihn der dortige Polizeichef in seinem eigenem Haus versteckt hielt, bis der ärgste Sturm vorüber war.

Moriheis Anhänger konnten ihn vor allem dadurch beschützen, daß sie die Staatsanwälte davon überzeugten, er sei als Meister der Kampfkünste viel zu wertvoll, als daß man ihn einkerkern könne. Viele Mitglieder des Omoto-kyō waren sehr verärgert darüber, daß man für Morihei so viele Beziehungen spielen ließ, während die meisten von ihnen einfach im Gefängnis landeten. Onisaburō verteidigte seinen obersten Leibwächter, möglicherweise in der Hoffnung, daß Morihei irgendwie auch seine eigene Freilassung erwirken könne. (Ironischerweise wurde Morihei in späteren Jahren von der Organisation des Omoto-kyō idealisiert als perfektes Beispiel dafür, welche Kraft man durch die Ausübung der Religion erreichen könne.)

Die nun folgende Verfolgung und Unterdrückung des Omoto-kyō gehört zu einem der schlimmsten Kapitel der japanischen Geschichte. Sämtliche Wertgegenstände auf dem Gelände in Ayabe und Kameoka wurden konfisziert und auf Auktionen verkauft; 15.000 Arbeiter wurden eigens dafür eingesetzt, jedes Gebäude des Omoto-kyō zu sprengen oder in Brand zu setzen; die übriggebliebenen Ruinen und der Schutt wurden einfach mit Baggern in die Erde gewalzt und die Grundstücke verkauft. Alles, was man nur im entferntesten mit Omoto-kyō in Verbindung brachte, wurde entweder verbrannt, zertrümmert oder ins Meer geworfen. Führer des Omoto-kyō wurden gefoltert, und Tausende von gläubigen Mitgliedern verloren ihre Arbeitsstelle.

Onisaburō verbrachte sechseinhalb Jahre im Gefängnis und wurde schließlich erst 1942 wegen Majestätsbeleidigung verurteilt; den Anklagepunkt ›Anstiftung zum Aufstand‹ hatte man fallengelassen. Onisaburō war damals bereits 72 Jahre alt und ziemlich krank. Man ließ ihn gegen Kaution frei, weil er wohl keine Bedrohung mehr für die Regierung darstellte, die sich ja mitten in den Vorbereitungen für den Zweiten Weltkrieg befand. Im Jahre 1945 wurde Onisaburō von der neuen Regierung in allen Anklagepunkten freigesprochen. Nun war er ein freier Mann. In gewissem Sinne »auferstanden« machte sich der unverwüstliche Onisaburō noch einmal daran, den Himmel auf Erden zu schaffen; jedoch war der Tod das einzige Hindernis, das selbst der »Große Guru« nicht überwinden konnte. So starb der extravagante Religionsführer im Alter von 78 Jahren, drei Jahre nach dem Ende des Krieges, und das Omoto-kyō hat sich nie wieder von dem Verlust erholt — die Organisation spaltete sich in miteinander zerstrittene Splittergruppen, und eine dieser Gruppen wartet immer noch auf Onisaburōs bevorstehende Rückkehr zur Erde als Retter der Menschheit.

Das Verhalten der Regierung kann nicht nur mit einer fast paranoiden Angst vor einer drohenden

Rebellion erklärt werden. Einige Jahre vor der Zerschlagung des Omoto-kyō hatten fanatische Nationalisten und deren Sympathisanten in der Marine versucht, die Zivilregierung zu stürzen und eine Shōwa-Restauration in Kraft zu setzen. Die Revolte wurde zwar niedergeschlagen, aber erst nachdem der Premierminister Tsuyoshi Inukai ermordet worden war. Drei Monate nach dem »Zweiten Omoto-kyō-Zwischenfall« gab es am 26. Februar 1936 einen zweiten Putschversuch, dieses Mal von der »Fraktion des kaiserlichen Weges« der Armee. Sowohl das Omoto-kyō als auch Morihei hatten wohl Verbindung zu einigen Putschisten, die für die beiden Revolten verantwortlich waren; jedoch hatten in beiden Fällen weder Onisaburō noch Morihei von den Plänen gewußt.

In dem nun folgenden Chaos wurde die politische Situation immer schlimmer. Japan zettelte 1937 einen Krieg mit China an, bombardierte 1941 Pearl Harbour und erlitt 1945 seine vernichtende Niederlage.

In diesen trostlosen, harten Jahren stand Morihei unter enormer Belastung. Sein geliebter Guru und viele seine Freunde beim Omoto-kyō verkümmerten in den Gefängnissen, und Morihei selbst stand aufgrund seiner Verbindungen zum Omoto-kyō und wegen der Beteiligung einiger seiner Schüler an geheimen Verschwörungen ständig unter Verdacht. Man hatte vorgeschlagen, daß Morihei der Verfolgung in den Prozessen des Omoto-kyō entkommen könne, solange er den Kadetten in der Akademie der Militärpolizei und dem »College für Spionageabwehr« in Toyama tödliche Kampftechniken beibringen würde. Obwohl Bajonettkampf und Jūdō auf dem Lehrplan standen, verbreitete sich unter den Kadetten in Windeseile, daß Moriheis *Aiki-Budō* die Kampfkunst schlechthin sei, die jeder erlernen müsse, weil sie die »wirksamste« sei. Es ist nicht verwunderlich, daß die meisten Schüler an diesen beiden Institutionen ein Haufen Taugenichtse, Gestapo-ähnliche Typen waren, die nichts anderes im Sinn hatten, als ihrem Lehrer Morihei aufzulauern, um ihn zu testen. (Morihei entkam natürlich jedes Mal unverletzt.)

Andererseits gab es unter den Leuten, die die Kriegsmaschinerie in Gang hielten, sehr viele Bewunderer Moriheis, der häufig um Rat gefragt wurde. Dazu gehörte auch der Kaiser, der von Moriheis außergewöhnlicher Vorführung sehr beeindruckt war, und zwei Premierminister: erst Fumimaro Konoe, einer der Leiter des Kōbukan, und später Premierminister General Hideki Tōjō, der während seiner Stationierung in der Mandschurei ein eifriger Schüler des Budō im Stile Ueshibas war.

Morihei war auch eine sehr einflußreiche Persönlichkeit in Manchukuo, dem Marionettenstaat, der 1932 von der japanischen Armee in China errichtet worden war. Nachdem die japanische Armee eine Reihe von Fehlschlägen bei geheimen Einsätzen, einschließlich Onisaburōs Mongolischem Abenteuer, hinnehmen mußte — Japan wollte sich ja in der Mandschurei und der Inneren Mongolei eine Ausgangsposition schaffen —, agierte sie nun ganz offen und hatte schließlich die gesamte Region unter ihrer Kontrolle. Damit der Nation wenigstens der

Anschein von Unabhängigkeit blieb, wurde der letzte Ch'ing-Kaiser, P'u-i, den man bei der Gründung der Republik 1912 abgesetzt hatte, aus China herausgeschmuggelt und nach einigem »Zureden« von Seiten der japanischen Militärs wieder als Kaiser eingesetzt.

Morihei war Chief Instructor für Kampfkünste an der Universität von Kenkoku, die von den Japanern gegründet worden war, um japanische und chinesische Beamte auszubilden, die dann in die neue Regierung berufen werden sollten. Tatsächlich war Aiki-Budō ein Pflichtkurs für alle Studenten der Universität. Der Kaiser P'u-i gehörte zu den leidenschaftlichen Bewunderern Moriheis und stattete einmal dem Dōjō in Tōkyō einen Besuch ab. Viele hohe Regierungsbeamte in der Mandschurei waren Schüler von Morihei.

Auf einer seiner Reisen in die Mandschurei hatte Morihei seinen berühmten Kampf mit dem Sumō-Ringer Tenryū. Der umstrittene Tenryū war zuvor bei seinem Versuch gescheitert, die feudale Welt des professionellen japanischen Sumō zu reformieren und war deshalb nach Manchukuo gegangen, um dort Kampfkünste zu lehren. Anläßlich einer Vorführung Moriheis wurde Tenryū von der Zuschauermenge dazu gedrängt, den 60jährigen Meister zum Kampf herauszufordern. Der riesige Tenryū war noch nicht einmal in der Lage, den viel kleineren Morihei von der Stelle zu bewegen, und dann fand das Schwergewicht, das früher mit ganz anderen Kolossen herumgespielt hatte, sich am Boden liegend wieder, durch einen einzigen Finger am Boden festgenagelt. Tenryū fühlte sich natürlich furchtbar gedemütigt, wurde aber später einer der besten Schüler Moriheis.

Moriheis Prestige war mittlerweile so groß geworden, daß gewisse Regierungsbeamte ihn heimlich damit beauftragten, einen Friedensvertrag mit den chinesischen Führern auszuhandeln. Im Anschluß an Pearl Harbour wäre Japan ohnehin nicht in der Lage gewesen, über längere Zeit an zwei Fronten Krieg zu führen. Moriheis Bemühungen führten jedoch zu keinem Ergebnis, und im Jahre 1942 zog er sich ganz plötzlich aus dem öffentlichen Leben zurück.

Warum?

Morihei mag vielleicht ein Patriot gewesen sein, der davon überzeugt war, daß Japan so etwas wie ein gelobtes Land sei, aber er war kein Fanatiker, der bis auf den letzten Mann für sein Land kämpfen würde. Er wurde sich sehr schmerzlich eines Widerspruchs bewußt, als er erkannte, daß Budō der Weg der Liebe ist, der das Leben achtet und bewahrt, während der Krieg nur ungeheure Zerstörung und Tod mit sich bringt. Viele seiner späteren Schüler erinnern sich noch daran, wie sehr Morihei es haßte, an der Militärakademie und der Toyama-Akademie zu unterrichten, und einmal klagte er seinem Sohn gegenüber: »Das Militär wird beherrscht von rücksichtslosen Idioten, die keine Ahnung haben von Staatskunst und religiösen Idealen und die willkürlich unschuldige Bürger abschlachten und alles zerstören, was sich ihnen in den Weg stellt. Sie handeln in totalem Widerspruch zum Willen Gottes, und sie werden eines Tages mit Sicherheit ein klägliches Ende finden. Wahres

Budō bedeutet, Leben zu bewahren und Frieden, Liebe und Respekt zu fördern, nicht aber, die Welt mit Waffengewalt in Stücke zu schlagen und zu vernichten.«

Nach dem Angriff auf Pearl Harbour nahm Morihei insgeheim Kontakt auf zu gut informierten Bekannten, um alles über Japans Gegner zu erfahren. Einige sagten ihm rundheraus, es gebe keinerlei Hoffnung, daß Japan einen länger andauernden Konflikt mit dieser unerschöpflich reichen Nation gewinnen könne.

Das Kriegsgemetzel machte Morihei physisch und psychisch krank. Er berief sich auf seine schlechte Gesundheit und seinen Wunsch, unter allen Umständen des wahren Weg des *Aiki* zu beschreiten und legte alle seine Ämter nieder, übertrug die Leitung des Dōjō auf seinen Sohn und seine Schüler und zog auf einen Bauernhof in Iwama, etwa 150 km nördlich von Tōkyō. In seinen späteren Lebensjahren deutete Morihei an, daß sein plötzlicher Umzug nach Iwama eine göttliche Eingebung gewesen sei. Morihei erkannte, daß der »Schwarze Regen«, den Nao Deguchi prophezeit hatte, sehr bald auf Hiroshima und Nagasaki fallen würde. Eine innere Stimme sagte ihm: »Geh' aufs Land, baue einen Schrein zu Ehren des Großen Geistes des *Aiki* und bereite dich darauf vor, ein Wegweiser für das neue Japan zu werden.« (Moriheis rechtzeitiges Niederlegen seiner offiziellen Pflichten ersparte es ihm auch, später als Kriegsverbrecher eingestuft zu werden.) Interessanterweise wurde der Begriff *Aikidō* etwa um dieselbe Zeit als offizieller Name für Moriheis Kampfkunst angenommen.

Morihei hat sich nie sehr viel aus dem Leben in der Stadt gemacht. Deshalb hatte er ungefähr 1935 damit begonnen, in Iwama Land zu erwerben in der Hoffnung, eines Tages ein Dōjō auf dem Land errichten zu können. Bis zu seinem Rückzug im Jahre 1942 war Moriheis Besitz auf fast 17 Ar angewachsen, ein beträchtliches Stück Land im engen, kleinen Japan. Auf dem Grundstück gab es jedoch keine Gebäude, deshalb kaufte Morihei von einem Bauern eine Scheune, die er in eine einfache Hütte umbaute. Besucher, die aus Tōkyō kamen, waren einigermaßen schockiert, Morihei und seine Frau, die zuvor buchstäblich und im übertragenen Sinne im Zentrum des Geschehens standen, in einer solch spartanischen Behausung zu sehen. Morihei aber war überglücklich, wieder mit der lebensspendenden Mutter Natur verbunden zu sein.

Im Verlauf der restlichen Kriegsjahre erholte Morihei sich langsam wieder — er war krank, solange auch sein Land krank war — und widmete sich ganz dem Bau des *Aiki*-Schreins. Ein *Jinja* oder Schrein ist die äußere Manifestation einer inneren Realität. Verglichen mit dem großen Schrein in Ise und Hunderten von prächtigen Jinja in anderen Teilen Japans erscheint Moriheis kleiner *Aiki-Jinja* fast primitiv. Die Bedeutung dieses Schreins liegt aber nicht in den Gebäuden als solchen, sondern in dem darin enthaltenen Geist.

Moriheis *Aiki*-Schrein war den 42 Schutzgottheiten des Universums gewidmet, die jede für sich eine der elementaren Kräfte verkörpert, die den Kosmos ausmachen — beispielsweise Energie, Licht, Wasser, Feuer

Die Gebäude des Aiki-Schreins sind sehr bescheiden: ein kleines Shintō-Tor (*tori-i*), die kleine Halle (*o.*) und der winzige, innere Schrein (*li.*). Die Gebäude stellen lediglich das Äußere einer inneren Realität dar, die besagt, daß jeder, der Aikidō praktiziert, in seinem eigenen »lebendigen« Schrein suchen muß.

und natürlich Liebe —, mit anderen Worten, alle Elemente und Faktoren, die die Welt in Gang setzen und erhalten. Im Idealfall kann jemand, der sich dem *Aiki*-Schrein nähert, sich bewußt werden über das Vorhandensein dieser Kräfte und dann erkennen, was das Dasein eigentlich ausmacht. Die richtige Art und Weise, den *Aiki-Jinja* zu verehren, ist eins zu werden mit dem Großen Geist des Schreins und ihn in sich aufzunehmen. Das hat Morihei jeden Tag getan und gehofft, seine Schüler würden es ebenfalls versuchen.

Am 15. August 1945 kam der Krieg zu seinem tragischen Ende, und Morihei, dessen Gesundheit einigermaßen wiederhergestellt war, gehörte zu den wenigen Menschen in Japan, die sich optimistisch über die Zukunft äußerten. »Macht Euch keine Sorgen!« tröstete er seine entmutigten Schüler. »Nun wird das wahre Aikidō geboren werden.«

4

Der Einzug des Aikidō in unsere Welt ging nur sehr langsam vonstatten. Das Dōjō in Tōkyō hatte die Luftangriffe unbeschadet überstanden, was vor allem dem mutigen Einsatz von Moriheis Sohn Kisshōmaru zu verdanken war, der die von Flammen bedrohte Übungshalle rechtzeitig mit Wasser überschüttete. Aber nun drangen dreißig ausgebombte Familien aus der Nachbarschaft, alles in allem fast einhundert Menschen, in das Gebäude ein, um dort Unterschlupf zu finden. Selbst wenn das Dōjō zu benutzen gewesen wäre, hätten die amerikanischen Besatzungsmächte die Ausübung der Kampfkünste (mit Ausnahme von Karate) untersagt. Auf dem Gelände in Iwama war zusammen mit dem *Aiki*-Schrein ein kleines Dōjō errichtet worden, und Morihei, der glücklicherweise außer Sichtweite des Haupt-Dōjō in Tōkyō war, unterrichtete seelenruhig während des Verbots einige seiner kriegsmüden Schüler und ein paar Jugendliche aus der Umgebung.

Im Jahre 1948 erteilten die Besatzungsmächte und das japanische Erziehungsministerium die Erlaubnis, eine *Aiki*-Stiftung mit dem Ziel der Verbreitung des Aikidō zu gründen, »einem Weg des Budō, der der Förderung des internationalen Friedens und der Gerechtigkeit dient«, und 1949 wurde des Dōjō in Tōkyō offiziell wiedereröffnet. Es dauerte allerdings bis zum Jahre 1955, bis die letzten Obdachlosen das Dōjō verlassen hatten.

Zunächst gab es nur eine Handvoll Schüler. Das öffentliche Transportwesen, das während des Krieges zerstört worden war, war noch nicht wieder vollständig aufgebaut, und aufgrund der großen Lebensmittelknappheit wollten viele Menschen keine Energie vergeuden und die während des Krieges in Mißkredit gebrachten Kampfkünste trainieren. Einer der ersten Schüler im Dōjō nach dem Krieg gab zu, daß er nur deshalb dort als Uchideshi leben wollte, weil die Mahlzeiten umsonst waren. Als sich die Wirtschaftslage besserte, kamen gleich auch mehr Schüler ins Dōjō, und man errichtete allmählich weitere Dōjō in ganz Japan, insbesondere an vielen Universitäten. Die erste öffentliche Vorführung wurde 1956 abgehalten. Etwa um dieselbe Zeit begannen auch viele in Japan lebende Ausländer damit, Aikidō konsequent zu üben, und so wurde diese Kampfkunst auch in westliche Länder getragen.

Zu Moriheis zweiter Generation von Schülern, jene also, die während des Krieges und in den ersten Tagen des Aikikai ins Dōjō eingetreten waren, gehörte auch der frühere Chief Instructor Kōichi Tōhei. Als meisterhafter Kenner von *Ki* hat er dessen Beziehungen zu *Aiki* sehr stark weiterentwickelt und sich daher nach Moriheis Tod vom Aikikai getrennt und seinen eigenen Verband gegründet, und er blieb keineswegs der einzige. Minoru Hirai, Moriheis Vertreter am Butokukai, dem Komitee für Kampfkünste während des Krieges, gründete später ebenfalls einen eigenen Verband mit dem Namen Dai

Nihon Kōrindō Aikidō. Ein weiterer Schüler, der seine eigene Schule ins Leben rief, ist Kanshū Sunadomari vom Manseikan auf Kyūshū. Obwohl Sunadomari zum Omoto-kyō gehört und von daher eine ähnliche Einstellung hat, unterscheiden sich seine einzigartigen Techniken, die er weitestgehend alleine entwickelt hat, erheblich von denen Moriheis.

Nach dem Krieg wurde mit zunehmendem Alter ein religiöser Charakterzug immer deutlicher. Obwohl der alte, zornige Mann gelegentlich durchschien (*li.*), zeigen die meisten Fotos aus den späteren Jahren Morihei als freundlichen, alten Patriarchen und weisen Philosophen. Rechts ein offizielles Portrait im Alter von etwa 75 Jahren.

Die beiden anderen Schüler, die Morihei am nächsten stehen, was ihre religiösen Ansichten betrifft, sind Michio Hikitsuchi, ein begabter Schwertkämpfer, der das Komano-Dōjō leitet, das zu Moriheis bevorzugten Dōjō gehörte, und der Kalligraph und Aikidōka Seiseki Abe, den man häufig als »Moriheis besten Freund« bezeichnet und der ein kleines Dōjō in Osaka leitet.

Mehrere andere Uchideshi Moriheis gehören jedoch nach wie vor zum *Hombu*-Dōjō. Zensaburō Ozawa, ein Schüler des berühmten Sōtō-Zenmeisters Kōdō Sawaki, sieht im Aikidō »Zen in Bewegung« und führt die Techniken mit fehlerloser Präzision und Anmut aus. Shigenobu Okumura, der dem Beispiel seiner Mutter folgte und in der Mandschurei mit dem Aikidōtraining begann, spricht aufgrund seines analytischen Ansatzes eher intellektuelle Schüler an, weil er seinen Unterricht ziemlich akademisch gestaltet. Bansen Tanaka ist ein Pfeiler des Aikidō in der Gegend von Osaka. Seigo Yamaguchi, eine schillernde Persönlichkeit, klettert im Sommer fast jedes Wochenende auf den Berg Fuji und liefert damit ein klassisches Beispiel für religiöse Demut verbunden mit körperlichem Training. Sadateru Arikawa, der selten etwas gegen eine Keilerei einzuwenden hat, fordert seine Schüler immer dazu auf, bis an ihre Grenzen zu gehen. Takuo Takaoka aus Wakayama hält am Aikidō »alten Stils« fest. Abgehärtete Veteranen wie Morihiro Saitō, der Leiter des Dōjō in Iwama, und Hiroshi Isoyama, Chief Instructor bei der »Japanischen Verteidigungsfront«, verhindern durch ihre Unterrichtsmethoden, daß Aikidō in eine Art leichter Gymnastik abgleitet. Shoji Nishio, der immer nach Neuerungen Ausschau hält, übt lieber mit einer richtig scharfen Klinge als mit einem Holzschwert. Hiroshi Tada, Nobuyoshi Tamura und Kazuo Chiba haben unter anderen für die Verbreitung des Aikikai in Übersee gesorgt.

Im Vergleich zu den dramatischen und aufregenden

Morihei in seiner Freizeit, entspannt, jedoch stets wachsam.

Jahren vor und während des Krieges verlief Moriheis Leben in der Zeit nach dem Krieg eher ereignislos. Er vertraute die Verwaltungsangelegenheiten und die Verbreitung der Kampfkunst seinem Sohn Kisshōmaru und älteren Uchideshi an und widmete sich vollständig der Weiterentwicklung und Verfeinerung seines »Weges der Harmonie«.

Im Gegensatz zu den ruhelosen, fast fanatischen Aktivitäten in seiner Jugend und den mittleren Jahren war Moriheis Leben, als er älter wurde, gekennzeichnet durch ein Bedürfnis nach Frieden und tiefer Spiritualität; nach dem Krieg verbrachte er ungeheuer viel Zeit mit Beten, Lesen und der Arbeit in der Landwirtschaft. Er schrieb einmal in einem Aufsatz: »Durch meinen Rückzug nach Iwama und mein geringeres Engagement in weltlichen Dingen war ich in der Lage, ein tieferes Gefühl des Einsseins mit dem Universum zu entwickeln. Ich stehe jeden Morgen um vier Uhr auf, reinige mich durch *Misogi* (rituelle Waschungen mit eiskaltem Wasser), und trete dann vors Haus, um die aufgehende Sonne zu begrüßen. Ich stelle eine Verbindung zum Kosmos her durch *Aiki* und halte mit allen Dingen Zwiesprache — ich fühle mich dann so, als ob ich mich ins Universum verwandelt hätte, atme sämtliche Erscheinungsformen ein. Wenn ich vor dem Altar des Himmels und der Erde stehe, erlebe ich vollkommene Harmonie mit dem Göttlichen. Dann verneige ich mich in die vier Himmelsrichtungen und bete und meditiere eineinhalb Stunden vor dem *Aiki*-Schrein.«

In seinen letzten Lebensjahren hat Morihei nur noch

sehr selten unterrichtet, er lehrte vielmehr durch Beispiel und Inspiration. Auf die meisten seiner Schüler wirkte er eher distanziert; sie bekamen den Meister nur noch recht selten zu Gesicht. Wenn er dann aber einmal ausnahmsweise Unterricht erteilte, legte er sehr viel Wert auf die geistige Bedeutung des Aikidō; Moriheis Vorträge nahmen oft mehr als die Hälfte einer Übungsstunde ein.

Ein nachdenklicher Morihei vor dem Altar des Dōjō in Iwama.

Seinen Schülern teilte er mit: »Ich bin nur euer geistiger Führer. Lernt für euch allein.«

Einer der jüngeren Schüler in Iwama erinnert sich: »Wir Studenten freuten uns jedes Mal, wenn der Gründer (d.h. Morihei) die Übungsstunden abhielt. In den ersten zwanzig Minuten hat er immer erst *Misogi-no-jō* und *Chinkon-kishin* durchgeführt, anschließend einen Vortrag von etwa zwanzig Minuten gehalten, ein paar Grundtechniken vorgeführt, und dann ging er wieder. Das war eine willkommene Abwechslung in den normalerweise knochenharten Übungseinheiten.«

Morihei unterrichtete sowohl im Dōjō in Iwama als auch im Dōjō in Tōkyō und hielt bis zum Alter von weit über achtzig Jahren in verschiedenen Städten Japans Übungsseminare ab. 1961 unternahm er seine erste und auch einzige Reise in die Vereinigten Staaten, und zwar nach Hawaii, wo er sich sechs Wochen aufhielt.

In den Jahren nach dem Krieg machte Morihei eine Kehrtwendung in Bezug auf öffentliche Vorführungen. Früher hatte er sich stets hartnäckig jeglichen Vorführungen widersetzt, damit seine Techniken nicht von irgendwelchen »zwielichtigen Gestalten« gestohlen würden. Noch im Jahre 1956 stimmte er nur sehr widerwillig einer öffentlichen Demonstration zu, nachdem Kisshōmaru ihn inständig darum gebeten hatte mit dem Argument, man müsse etwas für die Verbreitung des Aikidō tun. Später jedoch erkannte Morihei die Bedeutung solcher Vorführungen und ließ sich auch bereitwillig fotografieren und filmen (nur nicht in Iwama; in der Stadt gab es nämlich sehr viele *Yakuza*, und Morihei sagte wegen der Anwesenheit dieser Gangster mehrere öffentliche Vorführungen im *Aiki*-Schrein ab).

Der erste abendfüllende Dokumentarfilm über Morihei wurde dann 1958 von einem amerikanischen Fernsehteam gedreht. Das Team, offensichtlich ohne die mindeste Ahnung von östlicher Philosophie, machte einen Film voll von theatralischem Gehabe, brachte aus

Morihei, unheilbar erkrankt an Leberkrebs, gibt seine letzte öffentliche Vorführung im neuen Dōjō am 15. Januar 1969.

einer Demonstration von Kōichi Tōhei ausgerechnet Szenen, wo er gegen einen älteren, reichlich übergewichtigen Anfänger einen Moment lang etwas Mühe hatte sowie ein Interview mit Morihei, bei dem auch dieser sich offensichtlich sehr unwohl fühlte, und so gelingt es dieser Folge der Fernsehserie mit dem Titel »Rendezvous mit dem Abenteuer« nur knapp, das Wesen des Aikidō ein wenig zu vermitteln. Etwas anspruchsvoller ist der Film mit dem Titel »König des Aikidō«, der 1961 fürs japanische Fernsehen gedreht wurde. In ihm werden die religiösen und mystischen Aspekte des Aikidō herausgestellt und Moriheis täglicher Übungsplan in Iwama gezeigt, einschließlich der Übungsstunden, die häufig spät am Abend stattfanden.

Morihei wurde in seinen letzten Lebensjahren mit Auszeichnungen sowohl von den Japanern als auch von ausländischen Organisationen überschüttet. Ganz besonders erfreut war er natürlich über eine Auszeichnung, die er 1964, als er 81 Jahre alt war, vom Kaiser erhielt. (Kyūzo Mifune erhielt bei dieser Zeremonie ebenfalls eine Medaille.)

Am 8. März desselben Jahres brach Morihei in Iwama zusammen. Er wußte, daß sein Ende bevorstand — »Gott ruft mich« —, und so stand er früh am Morgen des 10. März auf, um zum letzten Mal eine Übungsstunde zu leiten. Danach wurde er ins Krankenhaus eingeliefert und seine Krankheit als Leberkrebs diagnostiziert. Morihei lehnte eine Operation ab und bat darum, nach Hause gebracht zu werden. Dort lag er, wartete auf seine letzte Stunde und lächelte vor sich hin, wenn er die

Portrait Moriheis in seinem letzten Lebensjahr (86jährig).

Geräusche von den Übenden im Dōjō nebenan hörte.

Selbst auf seinem Totenbett war Morihei, so heißt es, ein unbesiegbarer Krieger. Er ging offenbar ungeachtet seines todkranken Zustandes ohne fremde Hilfe zur Toilette. Kurz vor seinem Tod eilten vier seiner Uchi-Deshi ihm zu hilfe, als er sich vom Bett erheben wollte. Morihei zuckte sofort mißbilligend zusammen, und alle

Morihei mit Onisaburōs Tochter Naohi, die heute das Omoto-kyō leitet. Morihei war sein ganzes Leben lang ein leidenschaftlicher Anhänger dieses eklektischen Glaubens.

vier rannten hinaus in den Garten. Später verschwand Morihei plötzlich auf seinem Gang zur Toilette, und seine Schüler fanden ihn schließlich im Dōjō, wo er eine Gruppe von Kindern unterrichtete: »Schaut mal, so macht man das! So macht man das!«

Als Moriheis zahlreiche Schüler und Freunde kamen, um sich von ihrem Mentor zu verabschieden, sagte er: »Aikidō ist für die ganze Welt wichtig. Es ist nicht dazu da, egoistischen und destruktiven Zwecken zu dienen. Übt unermüdlich zum Wohle aller Menschen.«

Am frühen Morgen des 26. April 1969 kehrte der 86jährige Morihei »zum Ursprung« zurück. Einer seiner Schüler, der bei ihm war, sagte: »Wenn jemand an Krebs stirbt, ist das Gesicht normalerweise schmerzverzerrt, aber Moriheis Gesichtsausdruck war unglaublich schön und gelassen, ja sogar heiter. Es war das Gesicht eines göttlichen Wesens.«

Für alle diejenigen, die keine Gelegenheit hatten, ihn zu treffen, prophezeite Morihei: »Das Chaos in der Welt wird immer schlimmer werden; wartet auf meine Rückkehr.«

5

Moriheis Werdegang ist nun in vielen Einzelheiten beschrieben worden. Kommen wir nun zum »Privatmenschen« Morihei.

Morihei gab sein Äußerstes, um zunächst einmal der stärkste und später auch der größte spirituelle Meister der Kampfkunst auf der ganzen Welt zu werden und hat damit die wunderbare Kunst des Aikidō geschaffen. Und doch war seine zielstrebige Unbeirrbarkeit für seine engsten Freunde und Familienmitglieder manchmal sehr schwer zu verkraften. Yoroku liebte seinen einzigen Sohn mehr als alles andere in der Welt, aber er konnte zeit seines Lebens nie so recht schlau werden aus dem Jungen. Er gab Morihei alles, was dieser wollte und unternahm sogar den Versuch, seinem Sohn ins frostige Hokkaidō zu folgen — eine entsetzliche schwere Entscheidung für einen Menschen, der seine Wurzeln in dem geheiligten (und klimatisch gemäßigten) Distrikt Kumano hatte. Yoroku war zwar bestürzt über Moriheis merkwürdiges Verhalten, aber er fand sich schließlich damit ab, daß sein Sohn einen anderen Kurs einschlug. Dies kommt auch in Yorokus letzten Worten vor seinem Tod zum Ausdruck: »Tue das, was du wirklich willst.«

Moriheis Mutter fügte sich, wie damals alle japanischen Frauen, zeit ihres Lebens den Wünschen ihres

Ehemannes, aber selbst sie sprach sich damals gegen einen Umzug nach Ayabe aus. (Sie starb dort 1922 im Alter von 72 Jahren.) Es ist sehr bedauerlich, daß weder Vater noch Mutter Moriheis späteren Erfolg miterleben durften.

Morihei hat, zumindest als er noch jung war, die Gefühle und Wünsche seiner Frau und seiner Kinder gleichermaßen ignoriert — zu jener Zeit mußte sich ja die Familie den Wünschen des Vaters beugen und nicht umgekehrt. Aus den Schriften Kisshōmarus geht hervor, daß er es seinem Vater sehr übel nahm, daß dieser so oft von zu Hause weg war, und er warf ihm ebenso seine Sturheit und Härte vor, die aber typisch für viele Männer der Meiji-Periode war. Wie bereits zuvor erwähnt wurde, glaubte Morihei zunächst gar nicht, daß sein schmächtiger Sohn, der eher ein Bücherwurm war, eines Tages seine Nachfolge antreten könne, und deshalb adoptierte er Kiyoshi Nakakura. Morihei entschied sich für diese Adoption, ohne zuvor seine Tochter Matsuko befragt zu haben, was eigentlich ein alter Brauch ist, und es ist auch nicht verwunderlich, daß diese Verbindung fehlschlug. (Zwei andere Schüler haben vor kurzem unabhängig voneinander behauptet, Morihei habe sie damals gebeten, sein Schwiegersohn zu werden, wiederum offenbar ohne Wissen und Zustimmung seiner Tochter.) Morihei liebte seine Frau zwar sehr, aber das war ein Gefühl, das ein Samurai niemals in der Öffentlichkeit zeigte oder eingestand. Sehr viel später jedoch hat Morihei über seine Frau öfter einmal gescherzt, beispielsweise wenn sein Kimono bei einer Vorführung schmutzig geworden war: »Die alte Dame wird mich wieder ausschimpfen!« Hatsu starb auf den Tag genau zwei Monate nach Morihei.

Als alter Samurai hat Morihei Geld immer verachtet. Das war zwar bewundernswert, brachte aber für seine Familie unaufhörlich Schwierigkeiten mit sich. Er gab das nicht unbeträchtliche Familienvermögen vollständig für sein Studium der Kampfkünste aus; er verschenkte mehrere Schwerter von unschätzbarem Wert an Bekannte, die einfach nur ihre Bewunderung äußerten; und er lehnte häufig große Summen Geldes ab, die jemand spenden wollte, ohne daran Bedingungen zu verknüpfen, einfach weil er zu dem Zeitpunkt vielleicht gerade genügend Geld bei der Hand hatte. Einige der reichsten Männer Japans zählten zu seinen Förderern, jedoch behandelte er sie genauso wie die ärmsten seiner Schüler, die im Dōjō lebten. Wenn ein Industrieller bei passender Gelegenheit eine Spende abgeben wollte, so war das zwar willkommen, Morihei hätte aber niemals von sich aus um Geld gebeten. Sämtliche Beiträge wurden auf den Shintō-Altar gelegt. Wenn einmal nicht mehr so viel Geld in der Haushaltskasse war, durfte Frau Ueshiba bei den Göttern etwas Geld »ausleihen«. Es gab nur wenige Jahre, in denen die Familie gut bei Kasse war, nämlich während der Blütezeit des Kōbukan, als Moriheis jährliches Einkommen etwa 100.000 Dollar betrug, aber ansonsten waren die Götter eigentlich meistens pleite, und Frau Ueshiba mußte dann häufiger die Information verbreiten, daß unmittelbare Hilfe vonnöten sei. Die Uchideshi in Iwama, die von Morihei beschimpft

122

worden waren, »er würde sie nicht wegen des Geldes unterrichten«, gründeten unter sich einen Fonds, mit dessen Hilfe sie die Gebäude mehr oder weniger in annehmbaren Zustand halten konnten — ein traditionelles Dōjō ist nie mehr als nur spärlich eingerichtet; man gibt nie für irgendwelche Extras leichtfertig Geld aus.

Die schwere Last der Geldbeschaffung, die Organisation des Dōjō und des Aikikai lasteten auf den Schultern Kisshōmarus, der schließlich die Nachfolge seines Vaters als Leiter der zweiten Generation von Schülern antreten konnte und der der Art und Weise, wie Aikidō interpretiert und geübt wird, seine durchaus eigene Prägung gab.

Für jemanden, der fast übermenschliche Kräfte besaß, war Morihei die meiste Zeit seines Lebens von äußerst zarter Gesundheit. Er litt ständig an Magenbeschwerden und Leberfunktionsstörungen, die, so behauptete er, entstanden waren, als er sich in Ayabe auf einen Wettbewerb im Salzwassertrinken mit einem Yogaschüler einließ. Morihei mied sowohl Fleisch als auch braunen Reis — obwohl der berühmte Kenzō Futaki (den man auch »Dr. Naturreis« nannte) einer seiner Freunde und Schüler war —, sondern er zog einfache Hausmannskost oder gelegentlich klare Hühnersuppen zur Stärkung vor. Außer einem recht seltenen Gläschen Sake hat Morihei etwa ab dem 50. Lebensjahr weder getrunken noch geraucht. Möglicherweise waren viele seiner Krankheiten aufgrund seiner Überempfindlichkeit psychosomatisch bedingt gewesen.

Diese übergroße Sensibilität führte zwar dazu, daß Morihei auch bei Überraschungsangriffen, ob im Wach-

oder Schlafzustand, unbesiegbar war, aber sie wirkte sich auf seinen Alltag recht problematisch aus. Er konnte in bestimmte elektrisch betriebene Züge nicht einsteigen, weil der starke Strom des geladenen Ki ihm unerträgliche Kopfschmerzen verursachte. Er konnte es auch nicht ertragen, in Badewasser zu steigen, das schon von anderen benutzt worden war — was in Japan eigentlich Usus ist. Wenn ein Uchideshi das Badewasser auch nur ganz leicht mit den Fingerspitzen berührt hatte, um vielleicht die Temperatur zu prüfen, wußte Morihei das bereits, wenn er das Badezimmer betrat und wurde sehr zornig. Er geriet auch sofort in Wut, als in seinem Hotelzimmer plötzlich heißes Wasser aus der Dusche strömte, weswegen er bereits kurz nach seiner Ankunft in Hawaii die Reise beinahe wieder abbrach. Es störte ihn auch ungemein, wenn Insekten auf den Papiertüren landeten oder wenn er ruhelose Schüler mitbekam, die mehrere Zimmer entfernt sich in ihren Betten wälzten.

Auf seinen Reisen bestand Morihei darauf, bereits Stunden vor Abfahrt des Zuges am Bahnhof zu sein, und wenn er irgendwo nur die geringste Spur von »negativem Ki« wahrnahm, rührte er sich nicht mehr von der Stelle. Oft erweckte irgend etwas unterwegs seinen Argwohn; daraufhin verkündete er dann: »Ich steige aus«, sprang auf und stieg am nächsten Bahnhof aus und nahm den nächsten Zug nach Hause zurück, auch wenn am Ziel seiner Reise eine große Willkommensfeier angesetzt war.

Gelegentlich war Moriheis Sensibilität aber auch von Nutzen. Während eines Aufenthaltes in Osaka bekam er die Nachricht, seine Frau sei plötzlich schwer erkrankt.

Jedes Jahr wird am 29. April eine Gedenkstunde für Morihei im Aiki-Schrein abgehalten. Hier gibt Moriheis Sohn Kisshōmaru eine Demonstration zum Gedenken an Moriheis Todestag.

Er wollte gleich am nächsten Morgen mit dem ersten Zug nach Tōkyō zurückkehren, wachte aber plötzlich mitten in der Nacht auf und bat seinen Uchideshi, die Reise abzusagen, weil die Gefahr vorüber sei. Später kam ein Telegramm mit der Information, daß es Frau Ueshiba wieder besser ginge.

Morihei stellte seine Uchideshi, die ihn auf seinen Reisen begleiteten, jedesmal auf eine harte Probe. Der schwer beladene Gepäckträger mußte auch noch die Fahrkarten lösen und sie entwerten lassen und durfte nie den flinken Morihei aus den Augen lassen, der alles daran setzte, seinen Begleitern zu entwischen — das war so eine Art »Fang-mich«-Kampfspiel. (Morihei stieß selbst in einer dichten Menschenmenge nie an andere Leute, und deshalb war es für etwas schwerfälligere Schüler recht schwierig, Morihei einzuholen.) Manchmal machte sich Morihei auch einen Spaß daraus, sowohl seinem begleitenden Uchi-deshi als auch der Gruppe, die ihn empfangen wollte, zu entwischen. Er stieg dann in ein Taxi und bat den verwirrten Taxifahrer darum, ihn zur »Aikidō-Demonstration« zu bringen, ohne ihm Ort und Adresse zu geben, die Morihei ja selbst nicht wußte. Auf Straßenbahnfahrten fing Morihei die herunterfallenden Gepäckstücke auf, wenn die Bahn mal plötzlich halten mußte, und dann schalt er seine Schüler, daß sie es ihm nicht gleichtaten, weil sie eben unaufmerksam waren. Eines Tages stieß die Straßenbahn, in der Morihei saß, mit einer anderen Bahn zusammen. Im Augenblick des Aufpralls stieß Morihei einen Schrei aus, der Wagen überschlug sich und landete wieder auf den Schienen, ohne daß eine einziger Passagier verletzt worden wäre.

Obwohl es äußerst anstrengend war, Moriheis Begleiter zu sein, rissen sich seine Uchideshi um die Ehre,
ihren Meister begleiten zu dürfen. Alle stimmten darin
überein, daß das die schwerste Prüfung war — seine
schweren Taschen zu tragen, auf der Reise seine Beine zu
massieren, ein Bad mit der richtigen Wassertemperatur

Morihei hatte nie Geld oder Fahrkarten bei sich, wenn er auf Reisen
ging. Das überließ er alles seinen persönlichen Begleitern. Durch seine
majestätische Erscheinung schüchterte er die Fahrkartenschaffner an
den Sperren derart ein, daß sie ihn nie anhielten, wenn er einfach
durchmarschierte, bevor seine Begleiter aufholen konnten.

zu bereiten, vor der Tür zu seinem Zimmer zu schlafen, um ihn zur Toilette zu begleiten, wenn er in der Nacht aufstehen mußte, und wohlbehalten wieder mit ihm zu Hause anzukommen. Ein Schüler konnte damit rechnen, auf solch einer Reise fünf bis sieben Kilo abzunehmen. Einer der Uchideshi witzelte einmal darüber, daß er schon Gewicht verlieren würde, wenn er Morihei nur von weitem kommen hörte.

Moriheis furchtbare Wutanfälle waren schon sprichwörtlich. Ein Teil dieses Phänomens hat kulturelle Ursachen: von japanischen Lehrern im allgemeinen und Kampfkunstlehrern im besonderen wird traditionellerweise erwartet, daß sie schnell außer sich geraten und wegen geringster Verstöße oder Ungehörigkeit von Seiten der Schülers sofort explodieren, um ihre Schützlinge ständig in Alarmbereitschaft zu halten. Wenn Morihei etwas nicht paßte und er mit seinem Gebrüll loslegte, ging jedermann in Deckung.

In den dreißiger Jahren, als Brot in Japan sehr knapp war, erstand einmal ein Uchi-deshi einen Laib Brot für Morihei. Morihei wies den Schüler an, das Brot selbst aufzuessen, da er, Morihei, eine Magenverstimmung habe. Da der Schüler hungrig war, rief er die anderen zusammen, um den Luxus mit ihnen zu teilen, aber dann mußten sie feststellen, daß das Brot bereits verschimmelt war. Sie aßen nichts davon, sondern warfen es gleich in die Mülltonne, wo Morihei es durch Zufall entdeckte. »Wie kannst du es wagen, ein Geschenk von deinem Meister wegzuwerfen!« donnerte Morihei los. Als ihm gesagt wurde, daß das Brot schon schimmlig

gewesen sei, brüllte Morihei erst recht los: »Was??
Du wolltest deinem Lehrer verschimmeltes Essen schenken?« Morihei war so wütend, daß die Wände im Kōbukan bebten. Nach diesem Ausbruch wurde er aber wieder ruhig und sagte: »Macht euch keine Sorgen!« Dann lächelte er seine Schüler an: »Das waren nur die zornigen Götter, denen ihr mißfallen habt. Jetzt ist alles wieder in Ordnung!«

Ein Schüler in Iwama machte einmal den Fehler, dieselbe Art japanischer *Geta*-Schuhe zu kaufen wie Morihei, und natürlich erwischte der Meister eines Tages versehentlich die anderen Schuhe.

»Verzeigen Sie mir, O-Sensei«, sagte der Schüler sanft, »dies sind meine Geta, Ihre stehen dort drüben.«

»Idiot!« rief Morihei. »Warum kaufst du dir die gleichen Schuhe wie dein Lehrer?«

Aber der Schüler war schlau, nahm schnell seinen Füller heraus und bemalte seine *Geta* mit Tinte. »Jetzt sind sie nicht mehr gleich.«

Eines Tages kam ein junger Schüler ins Dōjō in Tōkyō, der nie zuvor etwas von Morihei gehört hatte und sah dem 80jährigen Lehrer zu, wie er ein paar Techniken vorführte. Als Morihei das Dōjō verließ, sprach der Jugendliche ihn an und witzelte: »He, Alter! Was hat denn so ein Opa wie du hier zu suchen?« Morihei ging an die Decke, aber seine Wut richtete sich nicht gegen den Jungen, den ja keine Schuld traf, sondern gegen seine Lehrer im Dōjō, die nicht alle Schüler über den Gründer des Aikidō aufgeklärt hatten.

Ein letztes Wort noch über die verschiedenen

Namen, die Morihei im Verlauf seines Lebens angenommen hat. Sein Geburtsname war Morihei, wörtlich
»Unendlicher Friede«. Nach dem »Mongolischen Abenteuer« nahm er seinen chinesischen Namen an, den man
im Japanischen Moritaka ausspricht, »Beschützer des
Höheren«. Später, als das Kōbukan eröffnet wurde,
verwendete er für kurze Zeit das Pseudonym *Seigan*,
»wahre Sicht«, und anschließend, als er unter dem Einfluß der Kotodama-Lehre stand, *Tsunemori*, »Ewige
Fülle«. Später jedoch kehrte er zu seinem ursprünglichen
Namen zurück: »Ich kam als Morihei auf diese Welt,
und ich will sie auch als Morihei wieder verlassen.«

Teil 2

Der Meister der Kampfkünste

Betrachte diese Welt weder mit Angst noch mit Abscheu.
Stelle dich mutig allem, was die Götter bieten.

Morihei Ueshiba

1

Ueshiba Morihei war ohne Zweifel der größte Meister der Kampfkünste, der jemals gelebt hat. Auch wenn wir alle Heldentaten und Abenteuer sämtlicher Krieger in Ost und West betrachten, können sie nicht mit Moriheis erwiesener Fähigkeit verglichen werden, jedweden Angreifer zu entwaffnen, ein Dutzend Männer gleichzeitig zu werfen und Gegner zu Fall zu bringen und am Boden festzunageln, ohne sie überhaupt zu berühren, was Hunderte von Malen auf Fotos, in Filmen und durch persönliche Bezeugungen aufgezeichnet ist.

Wie wurde Morihei unbesiegbar?

Ein Faktor war sicherlich sein ungeheures praktisches und theoretisches Wissen über östliche und westliche Kampfkünste. Wie Aizu-Wakamatsu auf Fukushima war Moriheis Geburtsort Tanabe ein »Schatzkästlein« der Kampfkünste, mit einem wichtigen Unterschied allerdings: der Einfluß des Shintō-Kults von Kumano war so allgegenwärtig, daß die Kampfkünste, die ja in Wakayama ihren Ursprung hatten, immer eine etwas spirituellere Ausrichtung hatten als die »Sieg-um-jeden-Preis«-Methode der Aizu-Krieger.

In seiner Jugend erfuhr Morihei etwas vom Aioi-ryū (vermutlich ein Ableger des Sekiguchi-ryū) und zwar durch die Geschichten, die ihm sein Großvater erzählte, der selbst ein berühmter Vertreter dieser Kunst war. Diese und andere verwandte Schulen betonten die Bedeutung einer »harten« und einer »weichen« Methode, die entsprechend der jeweiligen Situation anzuwenden sei.

Moriheis erstes richtiges Training in den Kampfkünsten begann mit Sumō, dem traditionellen japanischen Ringen. Aufgrund der frontalen Zusammenstöße, die im Sumō üblich sind, begann Morihei damit, seinen Schädel abzuhärten, indem er Hunderte Mal täglich mit dem Kopf gegen eine Stange oder eine Steinplatte stieß. Da man beim Sumō kräftige Hüftgelenke und Beine braucht, praktizierte Morihei Lauftraining im nassen Sand oder im seichten Wasser am Strand, um die entsprechenden Muskeln auszubilden. Weiterhin braucht man im Sumō ein gutes Gleichgewichtsgefühl; man darf mit keinem Teil des Körpers den Boden berühren, mit Ausnahme der Füße natürlich und der *sutemi-waza*, der »Opferwürfe«, bei denen man den Gegner wirft, indem man als erster zu Boden geht. Man muß den Angreifer also überwältigen, um zu gewinnen. Sicherlich gibt es im Sumō ein Element der Flexibilität — selbst 200 kg schwere Fleischberge müssen in der Lage sein, mit ihrer Stirn den Boden zu berühren und gleichzeitig die Beine gestreckt zu lassen, aber im allgemeinen wird sehr viel mehr Wert gelegt auf die »harten« Elemente des Stoßens, Schlagens und Aushebens.

In Tanabe hat Morihei auch gelernt, wie man mit einer Harpune umgeht, und zwar mit äußerster Präzision, einer Fähigkeit, die ein scharfes Auge, kräftige

Arme und ein perfektes Gleichgewichtsgefühl erfordert, vor allem auf einem schaukelnden Boot.

Es ist nicht ganz klar, wie viel und wie intensiv Morihei als junger Mann während seines kurzen Aufenthaltes in Tōkyō Kampfkünste übte. Er besuchte offenbar mehrere Dōjō und übte an den in Teil 1 erwähnten Orten, aber er war ja sehr damit beschäftigt, seine Firma zu leiten. Außerdem trug seine schlechte körperliche Verfassung (Beri-Beri) dazu bei, daß er in dieser Zeit sicherlich nicht sehr viele Fortschritte gemacht hat.

Nach Moriheis Einberufung in die Kaiserliche Armee wurde er im Gebrauch von Waffen und in den Grundlagen westlicher Militärwissenschaft unterwiesen. Dort tat er sich auch weiterhin im Sumō hervor und zeichnete sich auch in der extrem harten Kriegskunst des Bajonettkampfes aus. Damals bedeuteten militärische Begegnungen immer noch Kämpfe Mann gegen Mann, und in einem realen Gefecht konnte es sich ein Soldat nicht leisten, dem Feind auch nur den geringsten Vorteil zu lassen. Außer dem vehementen Stoßen gibt es im Bajonettkampf keine weiteren Techniken; demzufolge hängt alles vom »Timing«, der »Voraussicht« ab, wie man es in der japanischen Kampfkunst nennt. Man muß entweder unmittelbar einen verletzlichen Punkt beim Gegner erkennen und entschlossen vorstoßen oder einem Angriff rechtzeitig ausweichen und ihn kontern, indem man zur einen oder anderen Seite »öffnet«.

Die Bedeutung von Moriheis frühem Training im Sumō und im Bajonettkampf für die entsprechende Betonung eines tiefer liegenden Schwerpunktes und des direkten »Eintretens« (*irimi*) sollten nicht übersehen werden.

Moriheis erstes systematisches Training in den klassischen japanischen Kampfkünsten begann etwa zur Zeit seiner Einberufung in die Armee. Er schrieb sich im Dōjō von Masakatsu Nakai ein, dem Meister des Goto-ryū Yagyū-jūjutsu. Diese Schule (*ryū*) ging auf die Körpertechniken zurück, die von der berühmten Familie der Yagyū-Krieger entwickelt wurde. Im Laufe der Jahrhunderte wurden diese Techniken von verschiedenen Meistern modifiziert und dann im 19. Jahrhundert in ein zusammenhängendes System gebracht. In der Yagyū-Schule der Kriegskünste spielt der Geist eine ebenso wichtige Rolle wie der Körper. Die geistige Kraft — das heißt ein gelassener, unbeweglicher Geist — wird sich immer gegenüber roher Körperkraft durchsetzen. Jedem Yagyū-Schüler wird folgende berühmte Anekdote erzählt:

Iemitsu, der dritte Tokugawa-Shōgun, erhielt vom koreanischen Hof einen Tiger als Geschenk. Iemitsu forderte den berühmten Schwertkämpfer des Shinkage-ryū namens Yagyū Tajima Munenori auf, das Tier zu bändigen. Yagyū nahm die Herausforderung sofort an und lief zuversichtlich und selbstbewußt in den Käfig. Als der wilde Tiger zum Sprung ansetzte, schlug Yagyū dem knurrenden Tier mit einer Eisenstange auf den Kopf. Der Tiger schrak zurück und kauerte sich in eine Ecke des Käfigs. Der Zenmönch Takuan, der zufällig anwesend war, rügte Yagyū: »Das hast du ganz falsch angefangen.« Dann ging Takuan unbewaffnet in den

136

Käfig. Als der Tiger aufsprang, um ihn anzugreifen, spuckte Takuan in die Hände und kraulte den Tiger sanft am Kopf und an den Ohren. Das wilde Tier beruhigte sich sofort, fing an zu schnurren und strich dem Mönch um die Beine. »So macht man das!« rief Takuan.

Nakai war hoch angesehen sowohl aufgrund seiner Leistungen in den Kampfkünsten als auch seines noblen Charakters. Man erzählt sich, daß einmal während einer der ersten offenen Jūjutsu-Wettkämpfe in Osaka ein Schüler Nakais einen der besten Jūdōkämpfer aus dem Kōdōkan besiegte. Jigorō Kanō, damals noch ein jähzorniger junger Mann, war über die Niederlage sehr verärgert und forderte daraufhin einen von Nakais besten Schülern zum Kampf heraus. Nakai beschimpfte Kanō für sein unmäßiges Verhalten aufs schärfste, denn für einen Lehrer und Meister sei es unehrenhaft, einen Schüler von niedrigerem Rang anzugreifen, nur weil er zufälligerweise einen fortgeschrittenen Schüler besiegt hat. Sowohl Lehrer als auch Schüler müssen über die Gründe für die Niederlage nachdenken und danach erneut um einen Kampf bitten, wenn beide das Gefühl haben, daß sie bereit dazu sind.

Da Nakai zudem noch Schwert-, Lanzen- und Jō-Techniken beherrschte, ist es sehr wahrscheinlich, daß Morihei während seines viereinhalbjährigen Studiums bei Nakai Unterricht in diesen Disziplinen erhielt. Im Jahre 1908 stellte Nakai dem 25jährigen Morihei eine Lehrerlaubnis für Goto-ryū Yagyū-Jūjutsu aus. Morihei hat zwar sehr viele verschiedene Kampfkunstarten studiert, aber die Urkunde der Goto-ryū ist sein einziges offizielles Lehrerdiplom.

Nach der Entlassung Moriheis aus der Armee baute Yoroku für seinen Sohn ein Dōjō; Morihei selbst unterrichtete in diesem Dōjō, aber er lud auch immer wieder andere berühmte Jūjutsu- und Jūdōlehrer dorthin ein.

Nachdem Morihei zu außerordentlicher körperlicher und geistiger Stärke gelangt war, zog er nach Hokkaidō, wo er von Daitō-ryū-Meister Sōkaku Takeda in die Geheimnisse des *Aiki* eingeweiht wurde.

Ich möchte an dieser Stelle ausdrücklich betonen, daß das Daitō-ryū das Werk eines einzigen Mannes, nämlich Sōkaku Takeda war, der viele traditionelle Elemente in seine Lehrmethode integriert hat. Die Grundtechniken, die Sōkaku von Tanomo übernahm, sollen angeblich auf Minamoto (Genji) Yoshimitsu (um 1100 n. Chr.) zurückgehen. Yoshimitsus Sohn war nach Koda gegangen und hatte den Takeda-Clan gegründet; die Kampfkunst wurde von Generation zu Generation ausschließlich unter den Familienmitgliedern weitergegeben. Im Jahre 1754 verlegte der Takeda-Clan seinen Stützpunkt nach Aizu-Wakamatsu, und dort wurde die Lehre, die unter den Bezeichnungen *Oshiki-Uchi* oder *Odome* bekannt ist, an männliche und weibliche Samurai-Krieger von hohem Rang weitergegeben.

Wie ich bereits erwähnt habe, wurden diese Techniken später von Saigō Tanomo übernommen. Er kombinierte die äußerst wirksamen Schläge, Fesselgriffe, Hebel- und Wurftechniken des *Oshiki-Uchi* mit den Methoden und der Technik der Atemkontrolle des *Aiki-*

Inyō. Diese vereinigte Lehrmethode machte sich Sōkaku zu eigen und fügte wiederum weitere Elemente hinzu, die von seinen ausgedehnten Kampferfahrungen herrührten. Beispielsweise hat Sōkaku aus der Auseinandersetzung mit der Bande der Bauarbeiter gelernt, daß die normale *Seigan*-Grundstellung (mit waagerecht gehaltenem Schwert) nicht besonders wirksam ist, wenn man von mehreren Leuten angegriffen wird. Stattdessen war die *Jōdan*-Stellung (bei der man das Schwert über dem Kopf hält) die weitaus überlegenere Technik, mit der man in der Lage war, blitzschnell zu kontern. Sōkaku hat seine Lehre durch diese Erfahrung erweitert.

Die Welt der japanischen Kampfkünste ist extrem konservativ, und jeder, der sich erdreistete, eine neue Schule ins Leben zu rufen, wurde sofort mit einem Hagel von Kritik überschüttet. Um Schwierigkeiten aus dem Wege zu gehen, beschloß Sōkaku, der seine Schule ursprünglich Yamazo-ryū nannte, eine Änderung des Namens in Daitō-ryū und ließ offizielle Dokumente anfertigen, die eine Abstammung von Yoshimitsus Lehre belegten. Daitō war der Name von Yoshimitsus Villa und wies bei gleicher Aussprache der Schriftzeichen außerdem auf die »Großostasiatische (*daitō*) Gemeinwohlsphäre« hin, die damals von den japanischen Imperialisten ins Leben gerufen wurde. Sōkaku nannte sich dann Fünfunddreißigster Großmeister des Daitō-ryū.

(Ähnlich wie Morihei hat auch Sōkaku im Laufe der Jahre seine Techniken verändert, und wir können heute recht große Unterschiede in der Art und Weise feststellen, wie seine frühen und seine späteren Schüler die Techniken ausüben. Diese Diskrepanzen führten innerhalb des Daitō-ryū zu mehreren Spaltungen; ein schwerwiegender Bruch fand zwischen Sōkakus Sohn Tokimune und Yukiyoshi Sagawa statt, den Sōkaku einstmals zu seinem Nachfolger ernannt hatte.)

Jedenfalls wurde der 32jährige Morihei zum ersten und einzigen Mal in seinem Leben von einem dünnen Zwerg besiegt, der 25 Jahre älter war als er. Sōkaku sagte zu Morihei: »Wenn man sich zurückhält oder zögert, kann man selbst als ausgezeichneter Meister der Kampfkunst besiegt werden. Höre den tonlosen Ton, betrachte die formlose Form. Kontrolliere deinen Gegner mit einem Blick, und erringe den Sieg ohne Streit. Das ist die wesentliche Bedeutung von *Aiki*.«

Auf Hokkaidō erhielt Morihei zunächst Unterricht in den »108 Grundtechniken« des Daitō-ryū Sōkakus. Viele dieser Techniken — beispielsweise *Shihō-nage, Chokusen Irimi-nage, Ikkyō* bis *Gokyō, Suwari-waza* und *Hanmi-hantachi* — werden heute immer noch, allerdings in veränderter Form, im modernen Aikidō praktiziert und können als Wurzeln bestimmter Bewegungsabläufe im Aikidō betrachtet werden. Allerdings gibt es eine ganze Reihe anderer Bewegungen und Techniken, die nichts mit des Daitō-ryū zu tun haben.

Sōkaku machte Morihei vertraut mit der potentiellen Kraft des *Aiki*-Timings, der Atemkontrolle und der Einheit von Körper-, Schwert- und Stocktechniken. Dennoch lernte Morihei nach der ersten Zeit auf Hokkaidō recht wenig von Sōkaku und beschwerte sich später in Gegenwart enger Freunde darüber, daß Sōkaku ihm bei dessen späteren Besuchen in Ayabe und Tōkyō nicht viel Neues gezeigt habe. Morihei konzentrierte sich nun von sich aus auf eigene, unabhängige Studien verschiedener Kampfkunsttraditionen. Kurz gesagt sollte der Einfluß von Sōkakus Daitō-ryū auf die Entwicklung des Aikidō insgesamt nicht überbewertet werden. Morihei hat sich eindeutig dazu geäußert: »Der direkte Einfluß von Sōkakus Techniken auf die Entstehung des Aikidō ist nicht besonders groß. Das Daitō-ryū war nur eine von vielen anderen Elementen.«

Welche anderen Kampfkünste hat Morihei außerdem noch studiert?

Im Alter von etwa 42 Jahren zog Morihei sich offenbar in die Berge von Kumano zurück und übte dort Kūkishin-ryū, eine geheim weitergegebene Kriegskunst, die von Bergasketen (*Yamabushi*) hinterlassen wurde. Viele von Moriheis Techniken mit dem Jō haben ganz offensichtlich ihren Ursprung in dieser Schule, weil die Asketen hauptsächlich ihren Stab beziehungsweise Wanderstock als Waffe benutzten, die sie ständig bei sich trugen.

Übrigens ist das Kūkishin-ryū eng verknüpft mit mehreren Ninjutsu-Schulen der heutigen Zeit. Ganz früher hat Morihei gelegentlich *Ninja*-Techniken vorgeführt, was in der folgenden Anekdote dargestellt ist:

Morihei wurde von seinen Schülern gefragt, ob die den Ninja zugeschriebenen Heldentaten tatsächlich wahr seien. »Ihr habt zu viele Filme im Kino gesehen«, sagte Morihei. »Nehmt eure Schwerter und Stöcke, und ich zeige euch gleich einmal, was Ninjutsu wirklich ist.« Etwa zehn Schüler umringten Morihei mitten im Dōjō und griffen ihn gleichzeitig an; sie spürten nur einen Luftzug, mit dem Morihei verschwand, und hörten ihn dann auf der Treppe etwa zwei Meter entfernt nach ihnen rufen. Als die Schüler um weitere Vorführungen baten, schrie Morihei: »Wollt ihr mich eigentlich so zum Spaß umbringen? Jedesmal, wenn man solche Techniken ausführt, verkürzt sich die Lebenszeit um fünf bis zehn Jahre!«

Ninjutsu ist das genaue Gegenteil von Aikidō. Es ist eine Kriegskunst, die auf List, Täuschungen und faulen Tricks beruht; aber selbst mit dem vielgepriesenen Einsatz der »Unsichtbarkeitstechniken« und einem Arsenal an exotischen Waffen hätte keiner der berühmten Ninja es mit den göttlichen Techniken Moriheis aufnehmen können, die im Einklang mit den Prinzipien der Liebe und der Harmonie stehen.

Morihei untersuchte auch andere Disziplinen wie beispielsweise das Take-no-uchi und Kitō-jūjutsu-ryū, den Lanzenkampf des Hōzōin-ryū und mehrere Schwertkampfschulen, vor allem das Yagyū-ryū und das Katori-shintō-ryū. In Ayabe konzentrierte er sich auf Lanzentechniken des Hōzōin-ryū. Er hängte überall an die Äste eines Baumes Schwämme und spießte sie dann stundenlang und so schnell wie möglich auf. Morihei hatte viele Jahre lang eine enge Beziehung zu Kōsaburō Shōmojō, einem Schwertkämpfer des Yagyū-ryū; trotz einiger Abweichungen lehnten sich Moriheis Grundstellungen und Techniken mit dem Schwert an die des Yagyū-ryū an.

Aufgrund seiner ausgedehnten Reisen nach China bekam Morihei intensiven Kontakt zu den dortigen

Kampfkunsttraditionen; allerdings ist es etwas merkwürdig, daß er sich anscheinend nicht eingehend dafür interessierte, noch nicht einmal für *T'ai-chi ch'uan*, das dem Aikidō doch am ähnlichsten ist. Da es keine chinesischen Meister eines vergleichbaren Ranges wie Morihei gab, hat er vermutlich die Kampfkünste des Festlandes ungerechtfertigterweise eines ernsthaften Studiums nicht für würdig befunden.

Morihei besaß eine unglaubliche Fähigkeit, Kampfkunsttechniken zu assimilieren. Eines Tages kam eine berühmte japanische Lehrerin des klassischen japanischen Tanzes ins Kōbukan und bat um *Naginata*-(Lanzenkampf-)Unterricht. Morihei zögerte ein wenig, weil er mit dieser Waffe nur sehr wenig Erfahrung hatte, die hauptsächlich von Frauen benutzt wurde. Er war jedoch von der reizenden Lehrerin ganz angetan und willigte ein. Morihei trug einem Uchideshi auf, einen bekannten Roman zu besorgen, dessen Held ein Naginata-Meister ist. Dann ließ er das Buch auf den Shintō-Altar stellen und sorgte dafür, daß er für den Rest des Tages nicht gestört wurde.

Als die Tanzlehrerin wieder zum Unterricht erschien, zeigte Morihei ihr eine Reihe von wunderschönen Bewegungsabläufen. Als die Tänzerin sie später auf der Bühne vorführte, rief ein verwunderter Naginatameister: »Was für wunderbare Techniken! Wo haben Sie denn die gelernt?«

Und die erstaunten Schüler Moriheis fragten sich, wie er denn das Naginata so schnell hatte meistern können.

»Der Held aus dem Roman hat mich aufgesucht, als ich in Trance war, und mich in seine Geheimnisse eingeweiht«, war die Antwort, Moriheis typische Art und Weise, zum Ausdruck zu bringen, daß er aufgrund der universal anwendbaren Prinzipien des *Aiki* in der Lage war, mit jeder Art von Waffe Techniken auszuarbeiten. Dasselbe passierte auch, wenn Morihei sich von seinen Uchideshi Romane vorlesen ließ. Wenn berühmte Kampfszenen beschrieben wurden, sprang Morihei auf und spielte die Bewegungen der Helden nach.

Obwohl Morihei eine enorme Anzahl von Kampfkunsttechniken aus vielen verschiedenen Quellen übernommen hat, ist es aber falsch zu glauben, Aikidō sei von den älteren Traditionen abgeleitet. Morihei hat immer wieder betont, daß Aikidō eine absolut neue und revolutionäre Kunst ist, die er aufgrund einer Reihe von Prinzipien und Vorstellungen unabhängig von anderen Schulen geschaffen hat.

Moriheis besondere Gabe für die Kampfkünste war gepaart mit außerordentlicher körperlicher Stärke und Ausdauer. Auf Hokkaidō baute Morihei seine bereits beachtliche Körperkraft mittels harter Arbeit in der Landwirtschaft weiter aus. Er arbeitete mit speziell angefertigtem Werkzeug, er machte sich an riesige Baumstämme und trainierte Langlauf. Noch im Alter von 50 Jahren war Morihei fast so breit wie hoch. »Wenn man ihm beim Baden den Rücken schrubbte«, erinnert sich ein früherer Uchideshi, »hatte man das Gefühl, man würde einen Stein polieren. Seine Bauchmuskeln waren so stark, daß sie ein richtiges Dreieck bildeten«. Moriheis Griff war so hart, daß noch tagelang an den Stellen, die er gehalten oder nur berührt hatte, blaue Flecken zu sehen waren. Einmal hat Morihei versehentlich einem Karatemeister das Handgelenk gebrochen, als er einen Schlag nur leicht mit seinen Fingern abblockte.

Es gibt zahllose Geschichten über seine unglaubliche Fähigkeit, Felsblöcke wegzuschieben und Baumstämme hochzuheben. In Takeda versuchte einmal sein Schüler Yukawa, der den Spitznamen Samson trug, verzweifelt, einen kleinen Baum zu entwurzeln. »Viel zu viel Anstrengung!« lachte Morihei, packte den Baum von fast 13 cm Durchmesser und zog ihn mit einem Ruck aus der Erde.

Morihei konnte seinen Muskeltonus noch bis ins hohe Alter beibehalten und arbeitete in Iwama in der Landwirtschaft doppelt so viel und doppelt so schnell wie seine jugendlichen Schüler. Rein körperlich gesehen war Morihei einer der stärksten Männer, die jemals diesen Planeten betreten haben.

Zusätzlich zu seiner phantastischen Muskelkraft entdeckte Morihei, wie man sich an den grenzenlosen Strom von *Kokyū* (Atem) und des *Ki* des Universums anschließen kann. Ganz einfach ausgedrückt bedeutet *kokyū*, die japanische Entsprechung des Sanskritwortes *prāna*, den lebensnotwendigen Atem, und *Ki* könnte man als Energiewellen bezeichnen, die von *Kokyū* ausgehen. In jeder japanischen Kampfkunst wird besonderer Wert gelegt auf die Entwicklung von Atemkraft und *Ki*. Das *Kiai*, ein kraftvoller Ausdruck von *Kokyū* und *Ki*, deutet darauf hin, in welchem Maße man die Vereinigung von Geist und Körper bereits erreicht hat. Normalerweise nehmen viele bei einem Kiai bloß den Schrei wahr, der ausgestoßen wird, wenn man eine Technik ausführt. Bei den meisten Schülern trifft das auch zu, aber bei den Fortgeschrittenen wird das Kiai zu einem vollkommen konzentrierten Ausbruch von Energie, von dem nur ein Teil hörbar ist.

Es ist sicherlich nicht verwunderlich, daß Moriheis Kiai urgewaltig war. »Setze dein Kiai als Waffe ein«, lehrte er seinen Schülern. Moriheis Kiai konnte man aus einer Entfernung von über einem Kilometer hören. Er brauchte gar nicht besonders laut zu schreien, aber dennoch schickte er fast unheimliche Wellen aus. Eines Tages besuchte Morihei eine Gebetsstunde in einem buddhistischen Tempel. Zusammen mit den anwesenden Gläubigen rezitierte er das Herz-Sūtra. Morihei hatte den Sprechgesang sicherlich in derselben Lautstärke wie die anderen angestimmt, und doch hatte der Priester das Gefühl, als ob die Töne aus Moriheis Mund ihn auf seinen Rücken hämmerten.

Bei anderer Gelegenheit gab Morihei dem Präsidenten eines großen Zeitungsverlages eine Vorführung. Der Präsident dachte so bei sich: »Das ist doch alles Schwindel.« Genau in diesem Augenblick ließ Morihei ein gewaltiges Kiai los, und sämtliche Blitzbirnen in den Kameras der Fotografen sprangen aus ihren Fassungen.

Morihei wurde häufig fotografiert und gefilmt, vor allem wenn sich eine Gruppe von Männern mit ihrer ganzen Kraft gegen ihn stemmten und dennoch nicht in der Lage waren, den plötzlich völlig unbeweglichen

Mann von der Stelle zu bewegen. Morihei konnte in derselben Stellung mit einem waagerecht gehaltenen Stock verharren, während fünf oder sechs Männer versuchten, den Stock zur Seite zu drücken. Morihei hielt die Männer in Schach und warf sie alle durch eine leichte Drehung des Handgelenks zu Boden. Einige der besten Baseballspieler Japans schrieben sich als Moriheis Schüler ein, nachdem sie ihre Schläger mit voller Wucht gegen Moriheis Schwert geschlagen hatten; die stolzen Athleten konnten Morihei das Schwert nicht aus der Hand schlagen, sondern mußten fassungslos zusehen, wie ihre Schläger wieder auf sie zurückprallten.

In allen diesen Fällen brauchte Morihei sich nur auf das Ki der anderen einzustimmen und konnte mit einem stärkeren Fließenlassen seines Ki unmerklich kontern. Morihei erfand eine Reihe von *Kokyū-hō*-Techniken, damit seine Schüler Atem- und Ki-Kraft entwickeln könnten. Einige dieser Techniken, beispielsweise den »unbeugbaren Arm«, kann jeder innerhalb weniger Minuten lernen; andere, wie z.B. den Gegner werfen, ohne ihn zu berühren, erfordern lebenslange Übung.

Ausdauerndes, intensives Training, körperliche Kraft, Atem und Ki sind aber noch nicht alles; wenn man wirklich unbesiegbar werden will, muß man einen äußerst scharfen sechsten Sinn entwicklen.

Jahrelang haben Moriheis Schüler versucht, ihren Meister in einer Situation zu erwischen, wo er nicht gedeckt war — Morihei versprach demjenigen die Lehrerlaubnis, dem das gelänge —, aber selbst nachts im Schlaf gab es etwas, was bei dem Meister immer wach

war: »Wer will sich denn da schon wieder anschleichen?«
Morihei gab zu erkennen, daß aus seinem Körper ständig Energiewellen strömten, und daß er sofort alarmiert
war, sobald eine feindliche Kraft dieses Energiefeld betrat.

Ein Schüler bemerkte eines Tages, daß Morihei
immer nach rechts auswich, wenn er ihn mit einem
geraden Schlag angriff, und so versuchte er, seinen
Lehrer aus der Fassung zu bringen, indem er unmittelbar
in diese Richtung schlug. Da stand Morihei genau vor
dem überraschten Schwertkämpfer: »Was machst du
denn, um Himmels willen?«

Ein anderes Mal überlegte ein junger Schüler, der
Morihei mit einem Schwert gegenüberstand, wie er den
Meister wohl austricksen könne; Morihei warf ihm bloß
einen furchterregenden Blick zu, und damit war die
Sache erledigt. Bei einer Feier saßen einmal ein paar
Schüler beisammen und fragten sich, ob Morihei wohl
zu überwältigen sei, wenn er ein bißchen Sake getrunken
hätte. Wieder wirbelte Morihei, der sich am anderen
Ende des Saales befand, herum und warf seinen Schülern
nur böse Blicke zu.

Ein berühmter Karatelehrer wurde bei seinem
Besuch im Dōjō Moriheis Schüler; der Aikidōmeister
hatte ihn lässig aufgefordert: »Schlag mich, wenn du
kannst!« Mit diesen Worten drehte Morihei dem Karatemeister den Rücken zu. Dieser lief immerzu ins Leere,
ohne überhaupt nur in die Nähe dieses Kobolds zu
kommen, der sich einfach nicht erwischen ließ.

Sobald Morihei ein Dōjō betrat, verneigte er sich erst
einmal vor dem Shintō-Altar. Als er einmal das Dōjō

eines seiner Uchideshi besuchte und wieder vor dem Shintō-Altar stand, rief er den Lehrer zu sich und schalt ihn: »Warum hast du es versäumt, heute morgen den Gebetsdienst zu verrichten? Das *Kamisama* (die am Altar verehrte Gottheit) ist einsam!«

Einmal wurde ein Bildhauer damit beauftragt, von Moriheis muskulösem Oberkörper eine Büste herzustellen. Als die Skulptur fertig war, überprüfte Morihei die Rückseite der Büste und sagte: »Dieser Muskel hier, und dieser hier, die stimmen nicht ganz!« Der Bildhauer untersuchte sein Werk noch einmal genauer und mußte entsetzt feststellen, daß Morihei recht hatte. Morihei wußte nämlich ganz genau, wie sein Rücken aussah, obwohl er ihn nicht sehen konnte.

Es war typisch für Morihei, daß er seinen sechsten Sinn einer göttlichen Fügung zuschrieb. Ein Uchideshi begleitete Morihei einmal auf einer Reise. Als er bemerkte, daß Morihei die Augen geschlossen hatte, um ein wenig zu dösen, dachte der Schüler: »Das ist meine Chance!« Hoch erfreut griff er zu seinem Fächer, um Morihei damit auf den Kopf zu schlagen. Da riß Morihei die Augen auf:

»Meine Schutzgottheit sagt mir, daß du eben daran gedacht hast, mir auf den Kopf zu schlagen. Das würdest du doch nicht tun, oder?«

Sämtliche großen Meister der Kampfkünste haben einen ähnlichen sechsten Sinn entwickelt, und zwar durch jahrzehntelange Beschäftigung mit den innersten Bereichen des menschlichen Seins und einem Geist, der ständig im Dōjō geschult wird.

Morihei arbeitete unablässig an der Weiterentwicklung und Verfeinerung seiner einzigartigen Kampfkunst, und demzufolge konnte man in den vierzig Jahren Lehrerfahrung des Gründers zahlreiche Veränderungen und Auslegungen im Aikidō beobachten.

Die Tafel an Moriheis erstem Dōjō in Ayabe trug die Inschrift »Daitō-ryū Aikijutsu«, aber nach dem Umzug nach Tōkyō und der anschließenden Gründung des Wakamatsu-Dōjō nannte Morihei seine Kampfkunst unter anderem »Kōbukan Aiki-Budō«, »Ueshiba-ryū Jūjutsu«, »Tenshin Aiki-Budō« und schließlich ab 1942 »Aikidō«.

Das Aiki-Budō aus der Zeit zwischen 1932 und 1942 war streng, direkt und sehr praxisnah. Während dieser Zeit waren Moriheis ungeheuerliche körperliche Stärke und technische Perfektion die vorherrschenden Elemente; es war hartes, aggressives Budō, gekennzeichnet durch exakte Ausführung der Techniken und durch Muskelkraft. Zwar war in Moriheis Darstellung und Auslegung der Kampfkunst immer auch ein spirituelles Element spürbar, aber die Techniken mußten absolut perfekt sein, weil Moriheis Schüler wiederholt von starken Gegnern herausgefordert wurden und weil sich das Land auf den Krieg vorbereitete und schließlich auch darin verwickelt war. Vernichtende Schläge (*atemi*) auf anatomische Schwachstellen waren durchaus üblich und wurden häufig eingesetzt; Würfe wurden mit voller Wucht ausgeführt, um einen Gegner zu Boden zu bringen und außer Gefecht zu setzen, und die Haltetechniken waren durch rigorose körperliche Kraft und Verdrehung der Gelenke gekennzeichnet. Im Studium der Waffen konzentrierte man sich auf die Kampfkünste des Lanzen-, Bajonett- und Schwertkampfs.

Einer der ersten Schüler erzählte: »Viele Leute haben es gar nicht gewagt, Morihei herauszufordern, weil er ja den Ruf hatte, unbesiegbar zu sein, aber wir Lehrer wurden ständig von Jūdō- und Kendōmeistern, Sumō-Ringern, Boxern und auch einfachen Straßenkämpfern auf die Probe gestellt. Wir haben zwar immer versucht, solchen Konfrontationen aus dem Weg zu gehen, aber normalerweise hatten wir keine Alternative. Und wenn wir uns dann auf einen Kampf eingelassen hatten, mußten wir natürlich unter allen Umständen eine Niederlage verhindern.«

Während der Aiki-Budō-Periode wurden unter der Leitung von Morihei zwei Lehrbücher und ein Film hergestellt und veröffentlicht. (Eine Serie der Techniken Moriheis wurde 1936 im Dōjō von Noma fotografiert, aber nie veröffentlicht; Morihei wirkte auch mit bei der Herstellung eines Buches über Verhaftungstechniken für die Akademie der Militärpolizei.)

Das Buch *Budō Renshū* erschien 1933. Die Bilder wurden von Takako Kunigoshi gezeichnet, wobei sich einige der Uchideshi für die Aufnahmen zur Verfügung stellten. Morihei hatte dieses Buch offenbar als eine Art Zulassung konzipiert, das den fortgeschrittenen Schülern bei Prüfungen übergeben werden sollte: »Lest dieses Buch, übt unermüdlich, das wird euch befähigen, die grundlegenden Prinzipien der Kampfkünste zu erkennen und wahre Meister zu werden.«

In diesem Handbuch ist zu Anfang eine Sammlung von Moriheis *Dōka* (»Gedichte über den WEG«) zu finden. *Dōka* sind didaktische Gedichte in der *Waka*-Form (5-7-5-7-7 Silben). Sie werden von Meistern geschrieben, die ihre Schüler mit diesen Gedichten inspirieren und anleiten wollen. Dōka haben nur selten einen literarischen Wert, und Moriheis Gedichte sind da keine Ausnahme; sie zielen vor allem darauf, das Wesen einer Kunst in ein paar wenigen, prägnanten Sätzen klarzumachen. Moriheis Dōka befassen sich sowohl mit dem Allgemeinen:

> Wer auf alles,
> was kommt
> gut vorbereitet ist,
> wird niemals unbesonnen
> und hastig sein Schwert ziehen.

> Fortschritt
> gelingt denjenigen,
> die ohne Unterlaß üben.
> Verlasse dich niemals
> auf geheime Techniken.
> Sie führen nirgendwohin.

Zwei Photos aus Moriheis frühen Aiki-Budō-Jahren. (*o.:*) Ki strömt durch die ausgestreckten Finger, wenn er fest mit dem Boden verwurzelt die Stellung des Gegners durchbricht. Der Angreifer hängt förmlich in der Luft und kann nicht mehr reagieren. (*u.:*) Obwohl man in einem realen Kampf dem Gegner nie den Rücken zukehren sollte, empfahl Morihei das Üben solcher Techniken, um das Bewußtsein für Angriffe zu schärfen, die man nicht direkt sehen kann. Man muß sich auf die Ausstrahlung des Angreifers und nicht seine äußere Erscheinung einstellen. Hier hat Morihei den Gegner aus dem Gleichgewicht gebracht und auf seine Hüfte geladen, von wo aus er ganz leicht geworfen werden kann.

als auch mit der Praxis:

> Wenn der Gegner
> eine tiefere Stellung einnimmt,
> bleibe in der mittleren,
> unerschütterlich,
> unbewegbar.

> Wenn der Feind
> auf dich zukommt
> und dich schlagen will,
> trete zur Seite
> und strecke ihn sofort nieder.

und auch dem Mystischen:

> Durchdringe die Wirklichkeit,
> indem du das Kiai
> — YAH! — meisterst.
> Lasse dich nicht täuschen
> durch die Tricks deiner Feinde.

> Der aktive und der passive Geist
> in vollkommener Harmonie
> bilden das Kreuz des *Aiki*;
> schreite stets voran
> mit mannhafter Kraft.

Der kurze Text des Buches ist eine ähnliche Vermengung von allgemeinen, praktischen und esoterischen

Aussagen. Unter Moriheis Namen ist relativ viel veröffentlicht worden, dennoch eignete sich der Meister überhaupt keine literarischen Fähigkeiten an — sein facettenreicher Geist hinderte ihn daran, seine Gedanken in zusammenhängende Sätze zu fassen. Seine Schüler und ein paar talentierte Freunde redigierten seine Worte in mehr oder weniger verständliche Form. (Ich habe mir ähnliches erlaubt; sämtliche Zitate in diesem Buch sind den umfangreichen schriftlichen und mündlichen Äußerungen entnommen.)

Zu den interessantesten Äußerungen des Textes, die zweifellos an seine zahlreichen Anhänger beim Militär gerichtet sind, zählen folgende:

»Der wahre Meister der Kampfkünste ist derjenige, der den Feind besiegt, ohne einen einzigen Mann zu opfern; strebe nach dem Sieg, indem du dich stets in eine sichere und unangreifbare Position begibst.«

»Wahres Budō dient dem Frieden und der Harmonie; übe tagtäglich, um diesen Geist der ganzen Welt offenbaren zu können.«

Da die Abbildungen in *Budō Renshū* nur grob skizziert waren, sind die Techniken nur schwer nachvollziehbar; im Jahre 1938 wurde das Buch *Budō* gedruckt und privat verbreitet. Die Fotos sind professionell gestaltet, Morihei selbst stellte sich für die Aufnahmen zur Verfügung. Das Handbuch beginnt mit den Worten: »Budō ist ein göttlicher Weg, der von den Göttern geschaffen wurde, es ist die Grundlage des Wahren, des Guten, des Schönen; es spiegelt die absoluten und grenzenlosen Grundprinzipien des Universums wider.

155

Mit Hilfe der durch gewissenhafte Übung erzielten Einsicht können wir die wesentlichen Prinzipien des Himmels und der Erde erkennen.« Morihei sagte weiter: »Reinige den Körper und den Geist, binde dich an das Göttliche an, zeige das Verborgene und strebe nach Erleuchtung.« Zusätzlich zu den üblichen Körpertechniken — *Tai-no-henkō, Irimi-nage, Shihō-nage, Kote-gaeshi, Ikkyō* bis *Gokyō* sowie *Kokyū-hō* — enthält dieses Handbuch ebenso Schwert-, Lanzen- und Bajonett-Techniken. Und es enthält auch die Warnung: »Dieses Handbuch ist nur für Japaner bestimmt.«

Das bei weitem interessanteste Relikt aus der Aiki-Budō-Ära ist ein Film, der 1935 in Osaka gedreht wurde, als Morihei 52 Jahre alt war. Morihei war damals am Höhepunkt seiner körperlichen Kraft angelangt. In diesem Film wird gezeigt, wie er im Dōjō herumwirbelt, seine Schüler quer durch den Raum wirft, sie mit präzisen Griffen am Boden hält und geschickt mit bewaffneten Angreifern fertig wird. Auf den ersten Blick erscheint Morihei mit seinen äußerst wirksamen Techniken als starker Mann; erst gegen Ende des Films, als er von 10 Männern mit voller Kraft gepackt wird, erkennen die Zuschauer, daß sie hier etwas Unerklärliches miterleben. Morihei stößt ein eigentümliches *Kiai* aus, und alle 10 Männer landen krachend auf der Matte.

Moriheis Techniken, die ja seine veränderte Philosophie widerspiegeln, wurden im Aikidō nach dem Krieg weicher und kreisförmiger, dennoch blieben die Grundtechniken im wesentlichen dieselben. Morihei vertrat nun die Auffassung, daß jeder, der die Kraft hat zu Gehen, auch Aikidō praktizieren kann. Es gab da einen Mann, der um alles in der Welt Aikidō lernen wollte, aber sein Arzt riet ihm davon ab. Der Mann war in seiner Kindheit sehr krank gewesen, hatte viele Jahre im Krankenhaus verbringen müssen und war körperlich extrem schwach. Morihei wich deshalb von seinem üblichen Unterricht ab und brachte dem Mann zunächst einmal einfache Übungen zum Aufwärmen des Körpers bei. Später durfte er bereits als Moriheis Partner mit dem Schwert im Dōjō üben. Als der Schüler in Armen und Beinen ein wenig kräftiger geworden war, ließ Morihei ihn die Techniken am Boden (*suwari-waza*) üben. Der Mann trainierte unermüdlich und wurde später sogar Aikidōlehrer. Anderen jungen Schülern wurde aufgetragen, Massagen durchzuführen. Sie übten dies an Moriheis Beinen und Schultern und stärkten dadurch ihre Gelenke fürs Aikidōtraining.

Moriheis allmählicher Aufstieg in die höheren Bereiche der reinen *Ki-* und *Kokyū*-Kraft wirkten sich ziemlich negativ auf einige seiner späteren Bewunderer aus. Während seiner letzten öffentlichen Vorführung brachte der phantomgleiche Morihei seine Partner zu Boden, indem er einfach nur mit der Hand wedelte oder mit dem Finger auf sie zeigte. Morihei hatte natürlich nur aufgrund seiner jahrzehntelangen Übung ein solches fortgeschrittenes Stadium erreicht. Leider bevorzugen viele Aikidōka heute allein diesen »berührungslosen« Ansatz, ohne etwas von Ki zu wissen und werfen sich gegenseitig durch eine schnelle Drehung des Handgelenkes oder eine schiefe Bewegung der Schulter zu Boden. Viele sagen sich: wenn der Partner sowieso zu Boden geht, warum sollte man sich dann um richtige Entfernung, fehlende Deckung oder konzentrierte Kraft Gedanken machen?

Moriheis Geist war immer in der Übungshalle, und jede einzelne Minute des Tages erklärte er zu seiner Übungsszeit, aber er hielt selbstverständlich auch spezielle Übungsitzungen ab. Vor dem Krieg fanden diese normalerweise auf dem Berg Kurama in der Nähe von Kyōto statt. Morihei nahm meist zwei oder drei Uchideshi mit auf diese dreiwöchigen Übungsseminare. Die kleine Gruppe ernährte sich von Reis, Pickles, Misosuppe und frischen Kräutern. Morihei stand jeden Morgen um fünf Uhr auf, um zu beten. Nach den Morgengebeten und *Misogi* übten alle gemeinsam 500 Mal die gleichen Techniken mit dem Schwert, und anschließend stand Beinarbeit auf dem Programm. Von zehn Uhr bis Mittag wurden Körpertechniken geübt. Nachmittags fand das Training von drei bis fünf Uhr statt; die Schüler wechselten sich als Moriheis Partner ab, der sie von Technik zu Technik jagte. Abends besprach man dann gemeinsam die Erfahrungen des Tages.

Alle drei Tage kündigte Morihei dann um Mitternacht an: »Zeit fürs Nachttraining!« Die Schüler konnten in der stockdunklen Nacht die Hand vor den Augen nicht sehen, aber Morihei rief ihnen zu: »Paßt auf, da links ist ein Felsen! Duckt euch, sonst verletzt ihr euch an den Ästen da!« Er bewaffnete die Schüler mit Holzschwertern und befahl ihnen anzugreifen. Zunächst hatten die Schüler nicht die leiseste Ahnung, wo ihr Lehrer sein könnte, aber nach und nach lernten sie, seine

Gegenwart rechts oder links von sich zu spüren und beschleunigten ihre Angriffe. Dann drehte Morihei den Spieß um, verfolgte seinerseits die Schüler und brachte seine messerscharfe Klinge um Haaresbreite bis an ihre Stirnbänder. (Übrigens haben im Laufe der vergangenen Jahrhunderte viele japanische Krieger ein asketisches Training auf dem Berg Kurama praktiziert; der *Tengu*, der angeblich dort oben lebte, war ein Meister der Militärwissenschaften.)

Nach dem Krieg fanden ähnliche Sitzungen auf dem Berg Atago in der Nähe von Iwama statt und in Tōkyō in den Ruinen der Militärakademie von Toyama, einer Stätte der Vergangenheit Moriheis. Morihei widmete sich mit Vorliebe dem Training mitten in der Nacht beim Schein des Vollmondes, und er schlug Stunden um Stunden sein Schwert gegen einen Baum, oder er schlug mit einem schweren Holzschwert auf einen Stapel dicker Äste. (Er hat nachts stets den Gebrauch von Laternen oder Taschenlampen untersagt: »Samurai müssen lernen, auch in der Dunkelheit zu sehen!« Er schalt seine Schüler, wenn sie rechts neben ihm herliefen, weil sie damit seine Führungshand blockierten: »Bleibt links von mir, wo ich euch beschützen kann!«)

Moriheis Unterricht war nicht sonderlich systematisch. Er bestand immer wieder darauf: »Im Aikidō gibt es keine Techniken.« Das sollte heißen, daß die Bewegungen in natürlichen Prinzipien wurzeln und nicht in abstrakten oder starren Regeln. Er erläuterte häufig eine bestimmte Bewegung als Funktion einer bestimmten Gottheit oder eines göttlichen Prinzips, führte sie vor und ließ dann seine Schüler üben. Fragen wurden stets abgewehrt — wenn ein Problem auftauchte, zeigte Morihei die Technik noch einmal und sagte dann: »Versteht ihr, was ich meine?« Gelegentlich gab er auch rätselhafte Bemerkungen von sich, wie z.B.: »Prescht vor aus der großen Erde« oder: »Wogt wie die großen Wellen« und: »Gebraucht Eins und schlagt Alle«; aber im allgemeinen kam das Grundprinzip seines Unterrichts in dem folgenden Satz zum Ausdruck: »Lernt und vergeßt! Lernt und vergeßt! Macht die Technik zu einem Teil eures Wesens!«

Nur durch langes, ausdauerndes Training kann man Fortschritte erzielen; zu ausführliche Erklärungen und übermäßige Rationalisierung der Bewegungsabläufe führen einfach nur zur Verwirrung und trivialisieren das, was göttlich inspiriert ist. Deshalb sagte Morihei immer wieder: »Ein Lehrer zeigt immer nur einen kleinen Teil des Aikidō. Durch unaufhörliche, fleißige Übung könnt ihr die einzelnen Verzweigungen jeder Technik entdecken, und zwar langsam, eine nach der anderen, statt daß ihr einfach nur eine Technik nach der anderen wahllos aneinanderreiht.«

Später, als Morihei sich in Iwama niederließ, neigte er immer mehr dazu, Techniken zu erarbeiten, indem er sie in eine Reihe von zusammenhängenden Bewegungen aufschlüsselte und sehr viel mehr Wert auf *bokken* (Holzschwert) und *jō* (Stock) legte. Dann wiederum tauchte er plötzlich unangekündigt im Dōjō in Tōkyō auf, führte einen Wirbelwind an Techniken vor und stürzte wieder hinaus. Ein Schüler sagte einmal zu ihm:

»Wenn Sie im Dōjō sind, kann ich die Techniken alle perfekt, aber sobald Sie nicht mehr da sind, kann ich mich an keine einzige mehr erinnern.« Morihei antwortete: »Das kommt daher, daß ich dein Ki mit meinem verbinde und dich unsichtbar führe. Wenn du je in Zweifel oder in Schwierigkeiten sein solltest, denke einfach nur an mich, und ich werde dir helfen.«

Morihei hat im Laufe der Jahre viele verschiedene Waffen studiert, sich letztendlich aber für Schwert und Stock als seine »Instrumente der Reinigung« entschieden.

In dem Buch *Budō* schrieb er: »Das Schwert des *Aiki*, in dem Himmel, Erde und menschliche Wesen in Harmonie vereinigt sind, ermächtigt uns dazu, alles Böse niederzuschlagen und zu zerstören, um dadurch unsere wunderbare Welt zu ihrer ursprünglichen Reinheit zurückzuführen.« Ein Dōka aus diesem Handbuch lautet folgendermaßen:

Ein durchschlagendes, scharfes Schwert,
geschmiedet von einem Mann des WEGES
schlägt den Feind
tief innen
im eigenen Körper und Geist.

In *Takemusu Aiki*, einer Sammlung von Moriheis Reden der Nachkriegsjahre, erzählt er folgende Geschichte:

»Eines Nachts, als ich in meinem Garten mein Schwert schwang, wurde ich plötzlich mit einer Erscheinung konfrontiert, die ebenfalls mit einem Schwert bewaffnet war. Zunächst konnte ich nichts gegen sie ausrichten, aber ganz allmählich begann ich, die blitzschnellen Attacken zu kontern. Die Erscheinung kehrte an den beiden darauffolgenden Abenden zurück und war dann spurlos verschwunden. Wann immer ich danach ein Schwert hielt, verlor ich jegliches Gefühl für das Schwert, für den Gegner, für Zeit und Raum; ich atmete das Universum ein — nein, eher war das Universum in mir. Eine einzige Bewegung mit dem Schwert vereinigt alle Geheimnisse des Kosmos.«

Moriheis Schwertkunst war so frei von Formen, daß er damit auf einige Kritik stieß. Man hielt ihn für zu unorthodox; in Wahrheit jedoch war Moriheis Schwert das wahre Kendō — unfehlbar nahm er immer die der Situation angemessene Haltung ein und reagierte ganz natürlich auf jeden Angriff.

In seinen letzten Lebensjahren verwendete Morihei häufiger das Jō als Instrument der Reinigung in dem göttlichen Tanz, den er vor jeder Übungsstunde aufführte, um seinen Geist ruhig zu machen und das Dōjō zu reinigen. Das *Misogi-no-jō* ist ein aus dem Herzen kommendes Gebet für Frieden und Harmonie, das ausgedrückt wird über das Medium des Jō und der Körperbewegungen.

Alle, die Morihei gekannt haben, sagen übereinstimmend, er hätte sich in einen anderen Menschen verwandelt, sobald er einen Übungsraum betrat. Er schien schon beim Betreten eines Dōjō plötzlich lebendig zu werden, und die Schüler staunten immer wieder darüber, wieviel größer er in seinen Übungskleidern wirkte.

Einzeltraining (*suburi*) und Partnerübung (*kumitachi*) sind im Aikidō unerläßlich. (*li.:*) Morihei trainiert *tanren-uchi* in Iwama; er schlägt mit einem schweren Schwert gegen ein Bündel dicker Äste.

(*u.:*) Morihei bei einem Angriff mit dem Schwert. Er benutzt seine Waffe als Verlängerung seines Körpers und stellt sich vollkommen auf die Bewegungen seines Gegners ein.

(*Oben:*) Im Laufe der Jahre veränderten sich Moriheis Techniken. Im Alter von etwa 50 Jahren hielt Morihei sein Schwert angriffslustig nach oben und in Richtung auf den Kopf seines Gegners (*li.*). Später senkte er das Schwert weiter nach unten, so daß er sich von unten heraus bewegen konnte, um seinen Gegner am Angriff zu hindern (*re.*).

(*Links:*)Vor der Übungsstunde führt Morihei *Misogi-no-jō* aus, um die Verbindung zum Göttlichen wiederherzustellen und das Dōjō zu reinigen. *Misogi-no-jō* ist ein heiliger Tanz, der mit dem 1,20 m langen *Jō* ausgeführt wird; man reinigt den Raum von allem Bösen und bringt Körper-Geist-Ki und Form-Geist-Göttlichkeit in Einklang. Auf der Tafel oben das Zen-Sprichwort: »Außerhalb des Geistes kein Dharma.«

Morihei strahlte vor Freude und lachte ständig, aber wenn er *Misogi-no-jō* praktizierte oder ein Schwert nahm, gehörte er nicht mehr zu den menschlichen Wesen, sondern wurde zum Vehikel für den Großen Geist des *Aiki*; seine Augen blitzten, Energie strahlte von seinem Körper aus, und alles wurde totenstill. »Wenn er ein Schwert hielt«, erzählten seine Schüler, »verwandelte er sich in eine dieser wutentbrannten Gottheiten, die das Böse zur Strecke bringen.«

Morihei kümmerte sich so gut wie nie um organisatorische Probleme und ging mit der Verleihung von Lizenzen und später den Dan-Graden ziemlich planlos um. Wie ich bereits erwähnte, war er nur sehr kurze Zeit unter der Schirmherrschaft des Daitō-ryū und hatte nie die volle Lehrerlaubnis dieser Schule inne. Einige der früheren Schüler bekamen von ihm das Mokuroku

(*Re.:*) Morihei führt die Schwerttechnik ohne Schwert und die Stellung ohne Stellung vor. (*Oben:*) Morihei hat hier seinen Körper leicht nach rechts gedreht und steht sprungbereit und im Gleichgewicht da. Sein weicher und gleichzeitig konzentrierter Blick hüllt seinen bewaffneten Gegner vollständig ein. Seine Haltung ist stabil, aber nicht statisch. Sie ist absolut natürlich, und er scheint den Schwertkämpfer förmlich dazu einzuladen, ihn anzugreifen. Morihei zeigt hiermit *fudōshin*, den »unbewegbaren Geist«, der auf alle Möglichkeiten reagieren kann, ohne die Beherrschung zu verlieren. (Unten:) Sobald der Angriff kommt, bewegt Morihei sich mit *irimi* direkt auf die lebenswichtigen Stellen seines Gegners zu und zwar mit dem richtigen Maß an Geschwindigkeit und Abstand. »Im Aikidō gibt es weder Zeit noch Raum — die Techniken müssen da entstehen, wo du dich befindest.«

167

(»Katalog der Techniken«) und/oder die Bücher *Budō Renshū* und *Budō* als eine Art Diplom überreicht. Als die Lehrer aus dem Kōbukan anfingen, auch an anderen Institutionen außerhalb Unterricht zu erteilen, brauchten sie natürlich Zeugnisse, und deshalb verlieh Morihei ihnen die Dan-Grade, vergleichbar mit denen im Jūdō. (Eine Reihe von älteren Lehrern wußte nicht einmal, daß das Honbu-Dōjō ihnen solche Dan-Grade ausgestellt hatte.) Nach der Gründung des Aikikai im Jahre 1948 wurde ein reguläres Kyū/Dan-System eingeführt. Offenbar betrachtete Morihei den achten Dan als gleichrangig mit dem *Menkyo-kaiden* (Lehrdiplom) der alten Kriegskunstschulen und verlieh diesen Dan seinen besten Schülern der Vorkriegs- und Nachkriegszeit. Einige andere erhielten den neunten und sogar zehnten Dan von Morihei, der diese Auszeichnungen gerne denjenigen verlieh, die er mochte und die ihn darum baten. Unter Moriheis fortgeschrittenen Schülern bleibt die Frage, warum wer welchen Grad erhielt, in manchen Fällen aber ungeklärt.

Während seiner gesamten Laufbahn hat Morihei ständig seine Kunst erweitert und verfeinert. »Ich alter Mann muß immer noch üben und immer wieder üben«, sagte er noch kurz vor seinem Tod. Sein Unterricht sah demzufolge in den verschiedenen Phasen seines Lebens unterschiedlich aus. Es gibt zwar eindeutig ein Kontinuum im Aikidō vor und nach dem Krieg, aber die Techniken selbst haben sich seitdem beträchtlich weiterentwickelt. Morihei erteilte seinen Schülern zwar die Erlaubnis, seine Techniken zu filmen, aber er warnte sie auch: »Die Techniken von heute werden morgen schon ganz anders sein.« Von daher gibt es kein »Standard-Aikidō«; jeder Schüler Moriheis konzentrierte sich auf diejenigen Aspekte, die er am schnellsten begriffen hatte und zu denen er sich am meisten hingezogen fühlte, und jeder entwickelte in der Folge einen individuellen Stil, der auf eigenen Erfahrungen beruhte. Morihei ermunterte seine Schüler auch dazu, indem er sagte: »Lernt eine einzige Technik, und erarbeitet damit zehn oder zwanzig neue. Aikidō hat keine Grenzen.« Wenn man heute allerdings die enormen Unterschiede in den Techniken betrachtet, ist es manchmal schwer zu glauben, daß alle von ein und demselben Meister ausgingen. So betrachtet man die verschiedenen Auslegungen im Aikidō am besten unter dem Aspekt: »Suche nicht nach den Unterschieden; suche nach dem Gemeinsamen.«

3

Eine detaillierte Erörterung der technischen Aspekte des Aikidō ist in meinem Buch *Aikidō: The Way of Harmony* und natürlich auch in Dutzenden anderer Veröffentlichungen zu finden. An dieser Stelle will ich mich auf ein paar wenige hervorstechende Merkmale der Techniken beschränken, die überall in der Welt in jedem Aikidō-Dōjō praktiziert werden.

Trotz zahlloser Veränderungen, die Moriheis Kunst im Laufe der Jahrzehnte erlebt hat, gibt es als Kern vier zentrale Techniken: *Irimi, Tenkan, Shihō-nage* und *Suwari-ikkyō*.

Morihei hatte sein ganzes Leben lang eine Vorliebe für Waffen. In seiner Jugend war es die Harpune, später das Bajonett und die Lanze, im Alter war es das *Jō*. *Irimi*, das »Eintreten«, und *Issoku-irimi*, das »Eintreten mit einem Schritt«, sind beide aus dem Studium der Waffen entstanden. In seinem Buch *Budō* lehrt Morihei: »Wenn du einem Gegner mit einem Schwert gegenüberstehst, stelle dich genau zwischen Leben und Tod; bleibe ruhig, und lasse dich weder durch den Feind noch durch seine Waffe verwirren. Gib keine einzige Blöße preis, bewege dich entschlossen mit *Irimi*, und vernichte die bösen Absichten des Gegners.« Sobald ein Angriff kommt, geht man der Aggression sofort aus dem Weg, indem man in die »Öffnung« tritt, die unweigerlich durch eine Feindseligkeit entstanden ist. Wenn die Technik richtig ausgeführt wird, verschmilzt man vollkommen mit dem Angriff und kontert ihn mit einem Ausbruch konzentrierter Energie, entweder in der Form eines vernichtenden *Atemi* wie in früheren Zeiten oder einem sanfteren Wurf, wie es heute eher üblich ist. Morihei hat mehrere wichtige *Dōka* hinterlassen, in denen er auf das Prinzip *Irimi* eingeht:

Mich vor sich sehend
greift der Feind mich an,
aber wie ein Blitz
stehe ich bereits
hinter ihm.

Biete nicht die geringste Blöße,
und ignoriere absichtslos
die angreifenden Schwerter
deiner Feinde -
tritt ein und schlage zu!

Links und rechts,
Schwertschläge und Gegenhiebe —
laßt das sein!
erfaßt den Geist des Gegners,
und tretet unmittelbar ein!

Aikidō ist im Grunde die einzige Kampfkunst, die wirklich offen ist — man stellt sich jederzeit auf Angriffe von allen Seiten ein, und selbst wenn man nur mit einem einzigen Partner übt, konzentriert man seine Aufmerksamkeit keinesfalls nur auf diesen einen Menschen.

> Auch wenn nur ein einziger
> dich herausfordert,
> bleibe auf der Hut,
> denn du bist immer umgeben
> von einer ganzen Schar von Feinden.

Die beste Methode, mit einem Angriff mehrerer Personen gleichzeitig fertigzuwerden, besteht zunächst in der Anwendung von *Irimi*, um aus der Mitte herauszukommen. Anschließend kann man mit *Tenkan* den Angriff aufheben.

Tenkan ist der zweite Pfeiler im Aikidō. In Tenkan neutralisiert man den Angriff durch eine Drehbewegung, führt ihn um das eigene Zentrum herum, ähnlich einem Kreisel, der sich um ein unbewegtes Zentrum dreht. Schließlich schaut man in dieselbe Richtung wie der Angreifer und läßt ihm damit keinen Handlungsspielraum mehr. Die zwei einander ergänzenden Bewegungen *Irimi* und *Tenkan* werden auch bezeichnet als Vorder- und Rückseite (*omote* und *ura*), positiv und negativ (*Yin* und *Yang*), hart und weich, Feuer und Wasser. Hier soll auch erwähnt werden, daß man im Idealfall einen Angriff niemals direkt blockiert oder auf andere Art und Weise annimmt, sondern ihn entweder mit *Irimi* direkt oder mit *Tenkan* indirekt umlenkt, so daß man den Gegner an eine sichere Stelle führen kann.

Wenn du Yang
in deiner rechten Hand hältst
und Yin
mit der linken drehst,
kannst du den Feind führen.

Morihei demonstriert *tai-no-henkō*, d.h. der Angriff des Gegners wird
umgelenkt und damit neutralisiert; man verschmilzt mit dem Gegner,
so daß am Ende beide in dieselbe Richtung schauen.

Während der Aiki-Budō-Periode bestand Moriheis *Irimi-nage* aus einem plötzlichen Schritt aus der Angriffslinie heraus und einem unmittelbaren Gegenangriff. In späteren Phasen seiner Lehrtätigkeit kam es häufiger vor, daß er den Gegner mit einer Tenkan-Bewegung herumdrehte und ihn dann sanft mit einer kreisförmigen Irimi-Bewegung zu Boden führte. (Das wurde natürlich nie zwei Mal hintereinander in genau derselben Art und Weise ausgeführt.) Dieses *En-no-irimi* gibt es einzig und allein im Aikidō; es verkörpert das Wesen dieser Kunst — Geist und Körper stimmen sich ein auf den natürlichen Rhythmus des Universums. *En-no-irimi* ist auch die schwierigste von allen Techniken.

Shihō-nage-Würfe sind auch in anderen Kampfkunstarten zu finden. Morihei erklärte den »Vier-Richtungs-Wurf« des Aikidō mit dem »Vier-Himmelsrichtungs-Schlag« (*shihō-giri*) der Schwertkunst, der wiederum auf der alten kaiserlichen Zeremonie der »Verehrung in den vier Himmelsrichtungen« (*shihō-hai*) basiert. Am ersten Tag des Neuen Jahres erweist der Kaiser seine Ehrerbietung in die vier Richtungen des Universums und dankt damit den himmlischen und irdischen Kräften für ihre Großzügigkeit in der Vergangenheit; gleichzeitig fleht er sie um Gewährung ihrer Gunst auch in der Zukunft an. Der Kaiser drückt damit seine Dankbarkeit und Hochachtung aus. Die »vier« in *Shihō-nage*, so lehrte Morihei, bedeuten die »Vierfache Dankbarkeit«: Dankbarkeit gegenüber dem Göttlichen Prinzip, von dem wir unseren lebensspendenden Geist erhielten; Dankbarkeit gegenüber unseren Eltern, die uns unseren Körper gaben; Dankbarkeit gegenüber der Natur, die uns unsere lebensnotwendige Nahrung schenkt; und Dankbarkeit unseren Mitmenschen gegenüber, von denen wir täglich das Notwendigste zum Leben bekommen. Kurz gesagt können wir ohne die Unterstützung und Hilfe der anderen nicht überleben und sollten ständig unsere Dankbarkeit in die »vier Himmelsrichtungen« bezeugen.

Irimi/Tenkan kann durch einen Kreis, *Shihō-nage*

Umringt von Angreifern führt Morihei die *irimi*-Bewegung aus, um aus dem Kreis der Angreifer herauszukommen, und danach *tenkan*, um die Angriffe abzuwehren. Im Aikidō sollten die Übenden immer auf Angriffe von acht Seiten gefaßt sein.

175

durch ein Quadrat und *Suwari-ikkyō* (»Haltetechnik
Nummer eins«) durch ein Dreieck symbolisiert werden.
Man sitzt dreiecksförmig auf dem Boden und muß den
Gegner an drei Stellen festnageln. Die *Suwari*-Techniken
waren bei den Samurai noch eine unerläßliche Notwendigkeit, aber heute haben sie ihren praktischen Sinn
verloren; dennoch bestand Morihei immer darauf, daß
solche Techniken auch weiterhin im Aikidō geübt
werden, selbst in der ersten Zeit in Iwama, als es noch
keine *Tatami* (Reisstrohmatten) gab und die Schüler auf
dem nackten Boden üben mußten. Nur auf diese Art
und Weise kann man starke Beine und kräftige, stabile
Hüften bekommen; außerdem muß man die Menschen
manchmal an die Notwendigkeit erinnern, dem Göttlichen Prinzip mit der angemessenen Demut und einer
anmutigen Haltung auf Knien zu begegnen. Wenn
Morihei die Übungsstunden nicht selbst leiten konnte,
hatte er es lieber, wenn seine Schüler die Techniken am
Boden und nicht im Stehen übten, denn durch die
suwari-Techniken vernachlässigt man die Beinarbeit
nicht so schnell. Morihei legte so viel Wert auf *Suwari-
ikkyō*, daß er manchmal die gesamte Übungsstunde
ausschließlich auf diese Technik verwendete. Er betonte
auch, wie wichtig es ist, die Gelenke durch Ikkyō und
die anderen, davon abgeleiteten Haltetechniken zu
dehnen, geschmeidig zu machen und zu stimulieren: »Sie
reinigen euere steifen Gelenke von dem abgelagerten
Schmutz.«
    Im Aikidō sind *Irimi, Tenkan, Shihō-nage* und *Suwari-
ikkyō* die wichtigsten äußeren Faktoren; *Kokyū-hō, Ki-no-*

nagare, *Ki-musubi* und *Aiki* bezeichnet man als die inneren Schlüsselelemente des Aikidō. *Kokyū-hō*, die Kunst, den eigenen Atem mit dem des Himmels, der Erde und des Gegners in Einklang zu bringen, wird durch eine Reihe von besonderen Techniken ausgebildet, die vor allem am Beginn und am Ende einer Übungsstunde praktiziert werden. *Ki-no-nagare*, das man normaler-

Demonstration von *Ikkyō*, der Grundlage sämtlicher Haltetechniken im Aikidō. Der Gegner wird mit einer dreiecksförmigen Bewegung zu Boden gebracht und in quadratischer Form festgehalten; Morihei konnte seine Angreifer auf den Boden werfen und mit einem einzigen Finger festnageln.

weise erst nach intensiver Übung der Grundtechniken in Angriff nimmt, besteht in einer erhöhten Sensibilität für den Strom von *Ki* zwischen einem selbst und den jeweiligen Partnern. *Ki-no-nagare*-Techniken zeichnen sich durch frei fließende Bewegungen aus. *Ki-musubi* bedeutet »sich mit dem Partner verbinden«, d.h. das eigene *Ki* in einer nahtlosen Einheit an das des Partners anbinden. *Aiki*, das »Zusammenführen von *Ki*«, ist ähnlich dem *Ki-musubi*, wenn auch mit stärkerer Betonung des Timings und der Harmonisierung der im Widerstreit stehenden Kräfte. *Aiki* heißt, daß man sich exakt an die richtige Stelle begibt. Beim Üben der Schwerttechniken beispielsweise wird der erfahrenere Partner als erster angegriffen, weil er viel eher in der Lage ist, sich ganz natürlich auf den Angriff einzustellen, unabhängig davon, aus welcher Richtung er kommt; das bedeutet *Aiki* — in Einklang bringen.

Ein weiteres herausragendes Element im Aikidō sind die besonderen Falltechniken (*ukemi*). Fortgeschrittene Schüler fliegen nach einem Wurf durch die Luft, landen aber fast unhörbar auf der Matte und springen sofort wieder auf. Ein bekannter Lehrer der heutigen Zeit, der früher Jūdōka war, beschloß, zum Aikidō überzuwechseln, nachdem er die spektakulären Falltechniken gesehen hatte: »Die Techniken sind ja vielleicht nur Schwindel«, dachte er, »aber diese Falltechnik ist wirklich unglaublich.«

Morihei wurde einmal im Kōbukan von einem Schwertkampfmeister herausgefordert; Morihei wich den heftigen Angriffen seitwärts aus, und der Angreifer wurde durch seine Eigendynamik gegen die Wand des Dōjō geschleudert. Er verletzte sich dabei seine Schulter so schwer, daß er gezwungen war, die Kampfkunst für immer an den Nagel zu hängen. Deshalb lehrte Morihei seinen Schülern, daß sie die Falltechniken so gut beherrschen sollten wie eine Katze. »Ihr solltet in der Lage sein, *ukemi* auf jeder Art von Boden auszuhalten, selbst auf einem harten Steinboden.« Morihei betonte wiederholt, daß man am schnellsten Fortschritte erzielen könne, wenn man mindestens drei Jahre lang *Uke* (der Geworfene) war, weil man dabei die Techniken direkt und konkret erlebt. Diejenigen, die nicht geworfen werden wollen, werden niemals vorankommen. Morihei selbst praktizierte immer das, was er lehrte. So gibt es einen wunderbaren Filmausschnitt, in dem der 75jährige Morihei für einen kleinen Schüler im Grundschulalter den *Uke* spielt.

Übrigens nahmen mehrere Mitglieder der kaiserlichen Familie an ein paar Lehrgängen teil, die vor dem Krieg in Tōkyō abgehalten wurden. Morihei hatte aber das Gefühl, es sei respektlos, sie auf ihr kaiserliches Hinterteil zu werfen, und deshalb machte er sie entweder mit einem einzigen Finger bewegungsunfähig, oder er drehte sie nur im Kreis, warf sie aber nicht zu Boden.

Eine andere Geschichte hat sich ebenfalls vor dem Krieg zugetragen. Dr. Futaki, einer von Moriheis älteren Freunden, der damals bereits über 70 Jahre alt war, kam jeden Morgen ganz früh ins Dōjō, um die Uchideshi zu wecken, indem er sie immer wieder zu Boden warf. Morihei sagte seinen Schülern, sie sollten doch dem alten

Herrn seinen Willen lassen, denn für sie sei es doch ein gutes Training im Fallen; die Schüler waren es jedoch bald leid, immer wieder geworfen zu werden, so daß sie einmal beschlossen, den Spieß umzudrehen und Dr. Futaki festzunageln. Gerade als sie dabei waren, den allmorgendlichen Eindringling zu überraschen, kam Morihei ins Dōjō gelaufen und verkündete: »Das ist genug für heute.«

Die folgende Unterweisung gab Morihei seinen Schülern weiter:

Aikidō kann nicht mit Worten erklärt werden; man muß üben und die Erleuchtung des Geistes und des Körpers erlangen; Aikidō ist weder Sport noch Askese — es ist ein Akt des Glaubens, der auf dem Wunsch beruht, vollständiges Erwachen zu erlangen. Seid niemals zu hastig, denn man braucht mindestens zehn Jahre, um die Grundlagen zu beherrschen und zum ersten Dan aufzusteigen. Haltet euch niemals für allwissende, perfekte Lehrer; ihr müßt täglich mit euren Schülern üben und gemeinsam auf dem Weg des Aiki voranschreiten.

Moriheis Aussage, man brauche zehn Jahre, um die Grundlagen zu beherrschen, erinnert an eine berühmte Samurai-Geschichte:

Ein junger Mann bat einmal einen großen Meister des Schwertes, ihn als Uchideshi aufzunehmen. »Ich will Euer Diener sein und unaufhörlich üben. Wie lange wird es dauern, bis ich alles kann?«

»Mindestens zehn Jahre«, antwortete der Meister.

»Das ist viel zu lange«, protestierte der junge Mann. »Nehmen wir einmal an, ich würde doppelt so hart trainieren wie alle anderen. Wie lange würde das dauern?«

»Dreißig Jahre«, war die Antwort.

»Was soll denn das heißen?« rief der junge Mann. »Ich würde alles tun, damit ich so schnell wie möglich die Schwertkunst beherrsche!«

»In diesem Falle«, sagte der Meister in scharfem Ton, »wirst du fünfzig Jahre brauchen. Jemand, der es so eilig hat, ist ein schlechter Schüler.«

Schließlich erlaubte er aber dem jungen Mann, bei ihm als Diener zu arbeiten unter der Bedingung, daß er weder Fragen zum Schwertkampf stellte noch ein Schwert anfassen würde. Drei Jahre später begann der Meister damit, zu jeder Stunde des Tages und der Nacht sich an den jungen Mann anzuschleichen und ihn mit seinem Holzschwert zu prügeln. Das ging so lange, bis der junge Mann gelernt hatte, die Angriffe vorauszuahnen. Erst danach begann der Meister mit dem eigentlichen Unterricht.

Ähnliches geschah in Moriheis Dōjō, wo die Neulinge erst einmal die Aufgabe hatten, sauber zu machen und andere Hausarbeit zu verrichten und den älteren Schülern als Uke zu dienen. Im Kōbukan dauerte es häufig sechs Monate, bis ein neuer Schüler anfangen durfte, tatsächlich einige der Techniken im Dōjō zu üben.

Aikidō unterscheidet sich von anderen Kampfkünsten und von Leistungssportarten durch zwei Faktoren. Erstens sind die Techniken »lebendig«, d.h. nicht festgelegt auf starre Formen oder feste Regeln. Zweitens gibt es keine Wettkämpfe. In den klassischen Kampfkünsten wird besonderer Wert darauf gelegt, die traditionellen Formen zu erhalten und unverändert weiterzugeben. Im Gegensatz dazu verändern sich die Techniken im Aikidō in dem Augenblick, in dem sie ausgeführt werden und spiegeln die körperliche und geistige Reife des Ausübenden wider. In dem Maße, wie sich das Verständnis und die Erkenntnis bei jedem einzelnen vertiefen, verändern und verbessern sich auch die Techniken. So entsteht Aikidō jeden Tag neu, und die Einsichten, die man im Dōjō gewonnen hat, müssen auf die vielfältigen Probleme des Lebens angewendet werden.

Harmonisierung ist das Ziel im Aikidō, und die Techniken sind dabei Mittel zum Zweck, damit der Übende diese Prinzipien testen kann, aber nicht in Form eines Kräftemessens oder eines Wettbewerbs, sondern in gegenseitiger Übereinstimmung und Hilfestellung. Jeder Partner übernimmt abwechselnd die Rolle des Angreifers und die des Verteidigers, und die Techniken sind immer ausgewogen verteilt zwischen rechts und links, vor und zurück, hinein und heraus.

Anhänger anderer Kampfkünste kritisieren häufig die Verbeugung vor jeder Übung im Aikidō mit dem Argument, man solle »den Gegner niemals aus den Augen lassen«. Dem steht aber gegenüber, daß Aikidōka stillschweigend einander vertrauen und dieses gegenseitige Vertrauen durch eine Verbeugung bis auf den Boden ausdrücken. Man bietet dem anderen sozusagen das Genick dabei an. Wenn man sich vor einem Schrein verneigt, hält man ja auch nicht gerade Ausschau nach einem Überraschungsangriff der Gottheit. Im Aikidō betrachtet man den Partner als einen »lebendigen

Schrein«, dem man die gleiche Hochachtung entgegenbringt wie etwas Heiligem. Man kann sagen: »Die Übung des Aikidō beginnt und endet mit der Achtung vor dem anderen Menschen.«

In der Zeit vor dem Krieg hat Morihei einmal an einer Kampfkunstvorführung teilgenommen, die irgendwo im Landesinneren stattfand. Anschließend kehrte er zusammen mit mehreren Jūdō- und Kendōmeistern auf einem Feldweg zur Herberge zurück. Der Besitzer dieser Felder war für seine Wutausbrüche berüchtigt. Als er die Eindringlinge bemerkte, bewarf er sie mit einem großen Klumpen Mist.

»Was glaubt ihr eigentlich, wer ihr seid? Ihr habt kein Recht, mein Grundstück zu betreten!« brüllte der Bauer.

»Was glaubst du denn, mit wem du es zu tun hast?« riefen ein paar Leute aus der Gruppe und rannten auf den streitlustigen Bauern zu.

Da packte der Bauer einen Eimer Mist, um sich zu verteidigen, aber Morihei winkte die anderen zurück und ging alleine auf den Bauern zu.

»Warum habt Ihr widerrechtlich mein Grundstück betreten?« wollte der Bauer wissen.

»Es tut uns leid«, entschuldigte sich Morihei. »Wir wußten nicht, daß das hier Privateigentum ist. Bitte verzeihen Sie uns.« Morihei machte eine tiefe Verbeugung.

Der völlig verdutzte Bauer war sprachlos und sah Morihei nach, wie er mit den anderen wegging.

»Ueshiba Sensei«, fragten die anderen, »warum haben Sie diesen unverschämten Rüpel ungeschoren davonkommen lassen? Sie hätten ihn uns überlassen sollen!«

»Es ist dumm, sich wegen einer Lappalie aufzuregen«, meinte Morihei nachdenklich. »Gewalt mit Gegengewalt zu begegnen ist immer destruktiv: der Weg der Harmonie besteht darin, sich und andere von Gewalt und Haß frei zu machen.«

Aikidō ist sowohl Harmonie als auch Liebe und darf niemals abgleiten in bloßen Kampf und Wettstreit. Aufgrund eines absoluten Überlebenswillens und dem angeborenen Wunsch, sich in Wettbewerbssituationen zu begeben, müssen wir uns ungeheuer anstrengen, den Drang zu unterdrücken, immer der Sieger sein zu wollen. Zwischen Morihei und seinen älteren Uchi-Deshi kam es zum offenen Bruch über diese Frage; die Schüler bestanden darauf, daß organisierte Wettkämpfe eine unabdingbare Notwendigkeit für die Weiterentwicklung des Aikidō als moderner Sport sei. Dieses Denken bereitete Morihei großen Kummer, denn es gibt ja Hunderte von Sportstätten, in denen man nach Herzenslust kämpfen kann, während nur ein paar wenige die Kunst der Harmonie und Liebe lehren und verbreiten. Er meinte dazu:

»Seit altersher ist Budō noch nie als Sport betrachtet worden. Im Kampf müssen wir bereit sein zu töten. Diejenigen, die auf Wettbewerb aus sind, begehen einen großen Fehler. Andere Menschen niederzuschlagen, zu verletzen oder zu zerstören, gehört zu den schwersten Sünden, die ein Mensch begehen kann. Der alte Spruch ›Die Kriegsgottheiten töten niemals‹ ist wahr. Wahres Budō ist ein Pfad des Friedens.«

Teil 3

Die Botschaft

Aikidō ist Ausdruck der Liebe.

Morihei Ueshiba

1

Moriheis Suche nach der wahren Bedeutung von *Budō* war sehr viel mehr als nur eine körperliche Herausforderung; es war für ihn gleichermaßen eine intensive spirituelle Reise.

Religion in Japan kann in zwei breite Strömungen unterteilt werden. Zum einen gibt es das Zen: kühn, direkt, streng. Physisches und intellektuelles Rüstzeug wird auf ein absolutes Minimum beschränkt. Einsicht wird gefördert durch tiefe Selbsterkenntnis, Selbstkontrolle und Nicht-Verhaftetsein mit Dingen, Ideen und Ereignissen — mit einem Wort, durch buddhistische Leerheit. Auf der anderen Seite finden wir die mystische Strömung: Göttlichkeit kann erlangt werden durch die Ausübung geheimer Riten, durch Trance und Umwandlung. Diese mystische Strömung ist gekennzeichnet durch ein geschärftes Bewußtsein für das Heilige und das Weltliche. Offenbarung, Prophezeiungen und Schamanismus stehen dabei im Vordergrund.

Moriheis Psyche und Geisteshaltung wurzelte in der zweiten Strömung. Durch seinen Glauben an die Kultgötter in Kumano, seine Einweihung in das tiefgründige Shingon und seine spätere Faszination für den Okkultismus des Omoto-kyō stand Morihei kontinuierlich in Verbindung mit den Gottheiten, Feen und Kobolden des alten Japan.

Entgegen gängiger Meinung hat Morihei weder Zen studiert noch Methoden oder Terminologie aus dem Zen in seinen Unterricht eingebracht. Oft wird behauptet, die entsprechenden Ansätze würden zwar differieren, aber Zen und Mystizismus zielten auf ein und dasselbe, nämlich die Befreiung des menschlichen Geistes. Es ist richtig, daß der berühmte buddhistische Gelehrte D.T. Suzuki Aikidō als »Zen in Bewegung« bezeichnet hat und daß viele Anhänger des Zen gerne Aikidō als Ergänzung zur Meditation üben. Mehrere Aikidōlehrer von hohem Rang sind gleichzeitig buddhistische Priester; aber die Konzeption des Aikidō, so wie sie von Morihei Ueshiba geschaffen wurde, spiegelt eine Sicht der Welt, die mit Buddhismus im allgemeinen oder Zen im besonderen fast nichts gemeinsam hat.

Morihei war von der tumultartigen Wiederbelebung der alten japanischen Religionen während des 19. und 20. Jahrhunderts stark beeinflußt. Nach der Meiji-Restauration im Jahre 1868 keimte verstärktes Interesse an sowohl esoterischem (verkörpert durch Omoto-kyō) als auch exoterischem Shintō (als Staatsreligion) auf. Buddhismus wurde weitgehend verurteilt als fremde Glaubenslehre, und man bemühte sich, das Denken der Japaner von diesem »barbarischen« System zu säubern. (Diese Auffassung ist bis heute noch nicht ganz verschwunden. In einem kürzlich erschienenen Buch über traditionelles Shintō taucht folgende Bemerkung auf: »Buddhismus, insbesondere Zen, ist das Gegenstück zur japanischen Religion und Kunst.«) Das Omoto-kyō

Morihei bei einem Vortrag über den spirituellen Ansatz seines Aikidō.
Damals konnten viele seiner Zuhörer mit seinen rätselhaften Predigten
überhaupt nichts anfangen. Einige andere jedoch gaben zu, daß ihnen die
Bedeutung allmählich klarer wurde, je länger sie Aikidō praktizierten.

hat zwar gewisse buddhistische Elemente beibehalten, aber seine Lehr- und Glaubenssätze sind so weit vom Zen entfernt, wie man sich nur irgend vorstellen kann.

(Die japanischen Kampfkünste lassen sich gleichermaßen unterteilen in eine Zen-orientierte und eine mystisch-orientierte Strömung. Mit Zen verbindet man vor allem Musashi, Yagyū und insbesondere Tesshū Yamaoka. Andere Schulen, einschließlich Katori Shintō-ryū und Aikidō, orientieren sich mehr am Shintō.)

Wie kann man also Aikidō so darstellen, wie es von Morihei selbst konzipiert wurde? Das ist nicht einfach. Moriheis eigene Erklärungen waren unerträglich abstrus. Er redete ziemlich unzusammenhängend über dieses und jenes, rasselte dabei die Namen von obskuren Shintō-Gottheiten herunter, verband willkürlich verwirrende Begriffe miteinander und bot recht eigenwillige Interpretationen japanischer Geschichte, die er mit absolut irrelevanten Erinnerungen an vergangene Ereignisse anreicherte. Seine Reden waren ein solches kunterbuntes Durcheinander, daß man schon gemunkelt hatte, Morihei sei von dieser oder jener »Gottheit« besessen und hätte »in fremden Zungen« gesprochen. Die meisten seiner Ideen stammen aus der unglaublich umfangreichen Lehre des Omoto-kyō und seiner eigenen Interpretation der ältesten Chronik Japans, dem *Kojiki* (»Aufzeichnungen alter Dinge«, die älteste japanische Chronik und Mythologie, verfaßt im Jahre 712).

Moriheis Interesse am *Kojiki* war zurückzuführen auf seine Liebe zur *Kotodama*-Theorie (die im folgenden Kapitel erörtert wird). Durch ein richtiges Vortragen der

Verse, die dem Nicht-Eingeweihten eher wie Kauder-welsch anmuten, kann man jedoch die magischen Inhalte des Textes einigermaßen verstehen. Morihei, der von Geburt an den Überlieferungen aus dem Shintō verhaf-tet war, war vom *Kojiki* inspiriert und beeinflußt, aber für jemanden mit einem völlig anderen Hintergrund (einschließlich der Japaner von heute) ist es extrem schwierig, dieser Sammlung merkwürdiger Mythen und bizarrer Geschichten etwas abzugewinnen.

Deshalb wollen wir uns nicht auf jedes Wort aus dem Munde Moriheis konzentrieren, denn sonst besteht die Gefahr, daß wir in obskuren Einzelheiten stecken-bleiben. Es ist viel wichtiger, die kulturell bedingten Ausschweifungen etwas beiseite zu schieben und Mori-heis Botschaft in allgemeinverständlichen Begriffen darzustellen und zu formulieren.

2

Morihei betrachtete Aikidō nicht als seine eigene Schöpfung, sondern als Heiligen Pfad, der ihm offenbart wurde als Ausdruck einer göttlichen Fügung des Universums. Er betonte die revolutionären Auswirkungen des Aikidō als einer Kampfkunst des Friedens und der Harmonie auf das Neue Zeitalter, in dem letztendlich nicht körperliche, sondern geistige Kraft triumphieren wird.

> Die dreitausend Welten
> werden unmittelbar offenbart;
> eine Pflaumenblüte erblüht,
> und die Steintür wird
> ein zweites Mal geöffnet werden.

Aikidō, eine seltene Blume, die zum ersten Mal in voller Blüte steht, erleuchtet die inneren Zusammenhänge des Universums. Die Steintür, eine Anspielung auf einen Mythos aus dem Shintō, bei dem die Göttin des Lichts aus der Unterwelt weggelockt wird, damit sie auf der Erde leuchtet, wird durch das stete Bemühen guter Menschen überall auf der Welt wieder geöffnet werden. Die schmutzige Welt voller Tod und Zerstörung wird dann wieder in den Sonnenstrahlen der Wahrheit und

Schönheit erstrahlen. Morihei erklärte, das Ziel des Aikidō sei es, »einen Himmel auf Erden zu schaffen, dadurch daß Menschen in Freundschaft und Harmonie zusammenkommen. Ich lehre diese Kunst, damit meine Schüler lernen können, wie sie ihren Mitmenschen dienen können.«

Morihei erläuterte weiter: »Aikidō ist eine Religion, die keine Religion ist; Aikidō ergänzt und vervollkommnet vielmehr alle bestehenden Religionen. Vom Morgen, wenn du aufstehst, bis zum Abend, wenn du dich schlafen legst, mußt du dem Pfad des Aiki folgen und nach vollkommener Harmonie in der Welt und bei den Menschen streben.«

Als Beschützer dieser Welt
und Schutzengel der Wege
der Götter und der Buddhas
befähigen uns die Techniken des *Aiki*,
jeder Herausforderung standzuhalten.

Morihei erarbeitete seine Lehre im großen und ganzen mit Hilfe des *Kotodama*, der Wissenschaft vom »Klang/Geist«. Die Kotodama-Theorie spielte eine entscheidende Rolle bei der Wiederbelebung des Shintō. Sie basiert auf den angeblich reinen Klängen der einzigartigen japanischen Sprache. Die Konzeption des Kotodama geht tatsächlich auf das tantrische *Sphota-Vada*-System des alten Indien zurück, das der buddhistische Patriarch Kūkai im 9. Jahrhundert als *Shingon*, »wahre Klänge«, nach Japan brachte.

Das Höchste Wort (Sanskr. *sabda brahman*, jap. *sū*) ist der innerste Kern allen Seins. In der christlichen Theologie wird das folgendermaßen ausgedrückt: »Im Anfang war das Wort, und das Wort war bei Gott, und Gott war das Wort.« (Joh. 1, 1). Diesem Höchsten Wort entsprangen (Sanskr. *sphota*, jap. *musubu*) fünfzig reine Klänge (Sanskr. *varna*, jap. *koto*), die sich als Schwingungen verschiedener Konzentration (Sanskr. *nada*, jap. *hibiki*) herauskristallisierten und die als Ton, Farbe und Form wahrnehmbar sind — das heißt als Welt der Erscheinungen oder phänomenale Welt. Diese Elemente des »Klang-Geistes«, die mit kosmischer Energie erfüllt sind (Sanskr. *shakti, prana*, jap. *ki, kokyū*) sind Ursprung der Schöpfung.

Die tantrische Auffassung vom Universum als Verbindung von Klang und Energie bildete die Grundlage des hinduistischen und buddhistischen *mantrayāna* und der Theorie des *kotodama* im japanischen Shintō. Kotodama wurde weiterhin modifiziert durch Onisaburō und seine Lehre des Omoto-kyō und später dann von Morihei für das Aikidō angenommen.

Nach der Kotodama-Theorie des Aikidō ist das Universum entstanden aus einem unfaßbar konzentrierten Punkt, dargestellt durch die ultrakonzentrierte Schwingung *sū*. Vor ewigen Zeiten strömten Dampf, Rauch und Nebel aus diesem Punkt und umhüllten ihn mit einer Nebelsphäre. Aus *sū*, dem ursprünglichen Kotodama-Punkt, entwickelte sich gleichzeitig spiralförmig der Ton kosmischer Einatmung, Energie-Ton-Atem. *Sū* erweiterte sich kreisförmig in die Klänge u-u-u-yu-mu und breitete sich vertikal aus in die Klänge a-o-u-e-i. Die Spannung zwischen diesen Klängen führte zur Entstehung von Geist/Materie, Feuer/Wasser, Yin/Yang und entwickelte sich weiter zu den 75 Kotodama, die unsere Existenz ausmachen.

Diese Kosmologie — die eine frappierende Ähnlichkeit mit der Theorie des Urknalls aufweist, die gegenwärtig von Physikern vertreten wird — wurde von Morihei weiter ausgebaut zu dem »Einen Ursprung, den Vier Geisteshaltungen, den Drei Elementen und den Acht Kräften« (*ichirei-shikon-sangen-hachiriki*). »Ein Ursprung« ist der einzelne Punkt *sū*, den ich oben erwähnt habe, und die anderen Elemente können wie folgt dargestellt werden:

Die Vier Geisteshaltungen
1. *Kusu-mitama*: Himmel, Weisheit, Licht, Prinzip
2. *Ara-mitama*: Feuer, Tapferkeit, Fortschritt, Vervollkommnung
3. *Nigi-mitama*: Wasser, Treue, Harmonie, Anstand
4. *Sachi-mitama*: Erde, Liebe, Mitgefühl, liebevolle Sorge

Die Drei Quellen
1. *Iku-musubi*: Harmonisierung, Dampf, Verflüssigung; symbolisiert durch ein Dreieck
2. *Taru-musubi*: Einatmung, Flüssigkeit, Vereinigung; symbolisiert durch einen Kreis
3. *Tamatsume-musubi*: Ausatmung, Festkörper, Stabilität; symbolisiert durch ein Quadrat.

Die Acht Kräfte

1. Bewegung
2. Ruhe
3. Festigung
4. Loslösung
5. Ausdehnung
6. Zurücknahme
7. Vereinigung
8. Teilung

Das gesamte System kann schematisch dargestellt werden wie in dem unten abgebildeten Diagramm.

Die Göttliche Technik des Takemusu Aiki

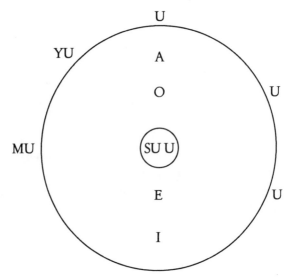

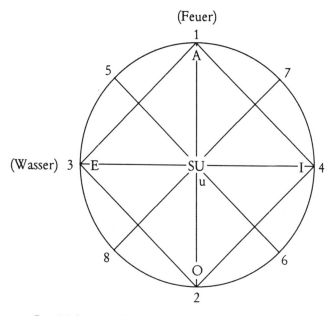

Das Universum ist entstanden durch die Interaktion dieser Klänge. Nach der Kotodama-Theorie hat jedes Prinzip einen heiligen Grundton, der sein Wesen enthält; wenn man die Bedeutung des Klanges kennt, kann man seine Funktion verstehen und sich dabei mit dem jeweiligen Geist verbinden. In einem tantrischen Text heißt es dazu folgendermaßen:

»Wenn wir Stellung beziehen zum innersten Wesen des Wortes, das jenseits der Atmung liegt, ruhen wir in uns selbst, alle Folgen sind ausgelöscht. Dann reinigen wir unsere Sprache und bewahren sie in uns, dann sprengen wir alle Bande und sind befreit, wir erreichen das innere Licht, und wer seine Bande gelöst hat, kann mit dem Höchsten vereinigt werden.«

Zur Illustration sollten wir uns den Begriff *taka-ama-hara* ansehen, den Morihei in seinen Reden sehr häufig erwähnt hat. Mythologisch gesehen bedeutet *taka-ama-hara* »Die Hochebene des Himmels« (wo die Shintō-Götter weilen). Nach der Kotodama-Theorie bezieht sich der Begriff auf die Entstehung und Funktionsweise des Universums: *ta* = Harmonie → *ka* = Nahrung → *a* = Erscheinung → *ma* = Leben → *ha* = Aktivität → *ra* = Fruchtbarkeit. *Taka-ama-hara* bezeichnet also einen reinen Geist oder eine reine Geisteshaltung, ohne irgendwelche Unregelmäßigkeiten und ohne Übermaß.

Wenn wir das Kotodama-Wortspiel weiter ausbauen, wird das Zeichen für *hara* (»Ebene«) ersetzt durch das gleich ausgesprochene Zeichen für *hara* (»Unterbauch«) und bedeutet, daß sich der Himmel nicht oben am Firmament befindet, sondern im Zentrum unseres Seins; es ist das »rote Blut, das in unserem *Hara* pulsiert«, wie Morihei das Kotodama nannte, mit dem er seine göttliche Stärke erklärte. Vor dem Training stieß Morihei einen fast furchterregenden Kotodama-Laut aus, um das Fließen von Licht und Energie in Gang zu setzen. Dabei blitzten seine Augen, und er schien in eine andere Dimension zu wachsen entsprechend des jeweiligen Kotodama, das er angerufen hatte.

Quelle allen Seins,
Ursprung der
fünfundsiebzig [*Kotodama*],
gütiger Lehrer
des *Aiki*-WEGES.

Morihei hatte immer wieder gesagt: »Unser Körper ist ein Mini-Universum.« Die Vorstellung, daß alles, was im Universum existiert, auch in unserem Körper vorhanden sein muß, lehnt sich stark an Tantra an — »Was hier ist, ist auch dort, was nicht hier ist, ist nirgends« — und auch an den Buddhismus — »In diesem

Morihei stößt aus der Mitte seines Seins ein Kotodama aus. Dabei legt er seine Hand über das Zentrum seines Körpers, wo das »kochende rote Blut« entsteht, das sich machtvoll ausbreitet, wenn das Kotodama spiral-förmig aufsteigt.

nämlichen Körper, erklärte Buddha, ein Meter sechzig groß, mit seinen Sinneseindrücken, seinen Gedanken und seinen Ideen, steckt die Welt, der Ursprung der Welt und das Ende der Welt.«

Parallel zu der Einsicht »Ich bin das Universum« steht die Erkenntnis »Ich bin Nichts«; das bedeutet, es existiert keine von der unendlichen Fülle der Schöpfung getrennte oder unabhängige Entität. Morihei sagte: »Das Wesen des Aikidō ist NULL.«

Wenn du nicht verschmilzt
mit der Leere
des reinen Nichts,
wirst du den Pfad des Aiki
niemals erkennen.

Morihei sagte weiterhin: »Vereinige dich mit dem Kosmos, dann wird der Gedanke an Transzendenz verschwinden. Transzendenz gehört der profanen Welt an; wenn jede Spur von Transzendenz verschwunden ist, tritt die wahre Person hervor, das göttliche Wesen. Mache dich leer, und laß das Göttliche wirken.«

Das *kami*, von dem Morihei so häufig sprach, kann folgendermaßen verstanden werden: der Kosmos wird aktiviert und aufrechterhalten durch die Interaktion von *ka* (Feuer) und *mi* (Wasser). Feuer und Wasser (*kami*) funktionieren im Einklang mit *aiki* und spalten sich auf in unzählige Formen der Erscheinungswelt. Die reinsten Konzentrationen von Feuer und Wasser sind *kami*, nämlich Kräfte, die für die Erhaltung des Lebens sorgen.

Solche *kami* reichen von Dimensionen des *ō-kami*, den erhabenen Göttern der Zeit, des Raums und des Seins bis hin zu zahllosen kleineren *kami* einschließlich der menschlichen Wesen, die einen Teil der Welt bevölkern.

Als shintōistischer Schamane war Morihei davon überzeugt, seine Schutzgottheiten Ame-no-murakumo-kūki-samuhara-ryū-ō (das erste Wort wird auch manchmal Ama ausgeprochen) und Ta-jikara-ono-mikoto hätten ihm eines Abends einen Besuch abgestattet, als er etwa Anfang vierzig war, und er sei seit diesem Ereignis von ihnen besessen. Es ist nicht verwunderlich, daß Morihei von dieser erschütternden Vision wie elektrisiert war, aber nachdem er sich von dem Schock erholt hatte, stellte er fest, daß er plötzlich übermenschliche Kräfte besaß. Der Kotodamawissenschaft zufolge bedeutet *ame-no-murakumo-kūki-samuhara-ryū-ō* folgendes: universales *Ki* (*ame-no-murakumo*) wird erzeugt (*kūki*) und gestaltet (*samuhara*) durch den Beschützer und Erhalter des Lebens (den Drachenkönig *Ryū-ō*). Einfacher ausgedrückt bedeutet dies alles, daß Morihei eine mystische Erfahrung durchlebt hat, bei der er sich selbst als Gefäß der göttlichen Energie des Kosmos empfand. Nach diesem Ereignis glaubte Morihei, eine Inkarnation des Ta-jikara-ono-mikoto zu sein, dem »Männlichen Prinzip körperlicher Kraft«.

Sowohl im mystischen Shintō als auch im esoterischen Buddhismus glaubt man fest daran, daß die Meister nach langen Jahren härtester und strengster Übung tatsächlich mit ihrem inneren Auge der Weisheit die heiligen Wesen spiritueller Bereiche wahrnehmen können. Die Götter und Buddhas des Pantheon offenbaren sich innerlich den reinen Geistes Übenden wie z.B. Morihei:

»Mit deinen Sinnen kannst du das Göttliche weder sehen noch spüren. Das Göttliche ist in dir, nicht irgendwo anders. Vereinige dich mit dem Göttlichen, und du wirst in der Lage sein, *kami* wahrzunehmen, wo immer du dich aufhältst, aber versuche nicht, es zu packen oder dich daran festzuhalten.«

Im Shintō wird gelehrt, daß jeder von uns in seinem Innersten ein *kami* ist; das Wort *hito*, »menschliches Wesen«, bezieht sich nur auf den Ort, an dem der Funke des Lebens liegt. Jedoch wissen die meisten Menschen nichts von ihrem göttlichen Geburtsrecht, oder sie haben es vergessen oder sind zu verblendet. *Chinkon-kishin*, eine alte Meditationstechnik aus dem Shintō, vergleichbar mit den tantrischen Visualisierungen bei den Hindus und den Tibetern, wurde auch von Onisaburō angewendet und später von Morihei übernommen als eine Methode, »den Geist ruhig zu machen und zum Göttlichen zurückzukehren«. *Chinkon*, das »Zur-Ruhe-Kommen des Geistes«, beinhaltet ein ruhiges Zentrieren des Körpers und des Geistes mittels einer Reihe von Mudrās (Sanskr., magisch-symbolische Finger- und Handstellungen in buddhistischen und hinduistischen Kulturen) und Invokationen, die man vorzugsweise an einem heiligen Ort ausübt. *Kishin*, die »Rückkehr zur Gottheit oder zur Göttlichkeit« ist ein tranceähnlicher Zustand, eine mystische Vereinigung mit dem Göttlichen. Nachdem Morihei zum Omoto-kyō übergetreten war, praktizierte er ehrfürchtig jeden Morgen und vor jeder Übungsstunde (in verkürzter Form) Chinkon-kishin.

Eng verknüpft mit Chinkon-kishin ist die Praxis des *Misogi*, der rituellen Waschung. Dieser Brauch des Abwaschens von Unreinheiten mit kaltem Wasser, wenn möglich in einem strömenden Fluß oder an einem Wasserfall, geht auf den Ursprung des religiösen Bewußtwerdens in Japan zurück, und diese Praxis spielt eine wichtige Rolle bei der Entstehung von Mythen und Riten im Shintō. Berührung mit dem Schmutz und Staub dieser unvollkommenen Welt befleckt das ursprünglich unberührte Wesen; durch Misogi werden wir wieder vollkommen gereinigt. Es gibt ein äußeres Misogi, bei dem man den Körper mit kaltem Wasser abspült, und ein inneres, bei dem man die inneren Organe mit tiefen, regenerierenden Atemzügen reinigt. Wenn man Misogi richtig ausgeführt und sich wieder eingestimmt hat auf den Ursprung des Lebens, kann man in ein Stadium des *sumikiri* eintreten, einer »kristallklaren Reinheit von Körper und Geist«. In diesem erleuchteten Zustand ist unser Herz so klar und strahlend wie ein wolkenloser Himmel und frei von niederen Leidenschaften und weltlichen Sorgen.

Kristallklar,
scharf und leuchtend
bietet mein Geist
dem Bösen
keine Blöße.

Die Morgensonne scheint herein,
auch mein Geist ist klar und hell,
von meinem Fenster lasse ich mich
zum höchsten Himmel emporheben,
gebadet in göttlichem Licht.

Morihei gefiel es nicht, wenn seine Schüler, die nicht dem Omoto-kyō angehörten, seine religiösen Praktiken nachäfften und unterbrach sofort diejenigen, die einfach nur seine Übung des Chinkon-kishin und Misogi nachahmten. Stattdessen unterwies Morihei seine Schüler speziell in den reinen Aikidōtechniken, mit denen sie ja ihre »Form der Verehrung« zeigen könnten. »Aikidō ist Misogi, Reinigung des Körpers und des Geistes, ein Weg, die Welt zu reformieren und zu verändern. Ich zeige meine Techniken, um diejenigen, die nur wenig Glauben haben, zu ermutigen.« Morihei erteilte folgenden Ratschlag:

»Durch tägliches Aikidōtraining kann deine innere Göttlichkeit immer klarer erstrahlen. Beschäftige dich nicht mit den Fehlern anderer. Sorge dafür, daß dein Geist hell und klar wird wie der unendliche Himmel, der tiefste Ozean und der höchste Berg. Verhalte dich weder berechnend noch unnatürlich. Konzentriere deinen Geist auf Aikidō, und kritisiere weder deinen Lehrer noch andere Traditionen. Im Aikidō wird nichts und niemand beschränkt, unterdrückt oder gebunden. Aikidō umfaßt alles und reinigt alles.«

Vertraue auf Aiki,
um deine vielfältigen Kräfte
zu aktivieren,
bringe Frieden und Aussöhnung,
und schaffe eine schöne Welt.

3

Der Schlüssel zu den Aikidō-Techniken ist *Ki*: »Wenn wir *Aiki* üben wollen, müssen wir *Ki* entwickeln. Ki ist ungeheuer vielschichtig, und wir müssen unser Leben aufs Spiel setzen, um es zu meistern.« Ki ist ein Grundprinzip ostasiatischer Kultur — in der östlichen Medizin beispielsweise ist man bei guter Gesundheit, wenn Ki stark und ungehindert fließen kann, aber man wird als krank bezeichnet, wenn es schwerfällig und schwach ist; aber dennoch ist der Begriff *Ki* vom Ansatz her recht schwierig zu erklären. Ki ist die subtile Energie, die das Universum antreibt, die Lebenskraft, die die Dinge zusammenhält. Ki scheint den »superstrings« recht ähnlich zu sein, die den modernen Physikern zufolge die elementaren Naturkräfte zusammenbinden. Man nimmt an, daß diese »superstrings« ständig interagieren, sich vereinigen und sich wieder spalten. Gleichermaßen verbinden sich positives und negatives Ki ständig und lösen sich auf innerhalb des großen Rades der Existenz.

Ki ist unlösbar verbunden mit *Kokyū*, dem kosmischen Atem. Ki strahlt von Kokyū aus, und Kokyū ist wiederum die belebende Kraft, die Ki aktiviert. Alles auf dieser Welt atmet in der einen oder anderen Form; im Japanischen werden die Worte für 'lebendig' und 'atmen' beide *iki* ausgesprochen. Die Ausatmung geschieht kreisförmig, ist eine Funktion des Wassers; die Einatmung geschieht quadratisch und ist eine Funktion des Feuers; beide zusammen bilden *kokyū*, dessen Schriftzeichen, dem Kotodama zufolge, auch als *iki* ('belebt') gelesen werden können. Im Aikidō besteht das Ziel darin, den eigenen Atem mit dem kosmischen Atem Kokyū zu verbinden. Wenn wir in Übereinstimmung mit dem Kosmos atmen, werden wir durchdrungen von der Atemkraft (*kokyū-ryoku*).

Aiki ist die harmonische Verbindung (*ai*) ursprünglicher Energien (*ki*); Gegensätze wie Feuer und Wasser, Yin und Yang, Himmel und Erde, männlich und weiblich, Einatmung und Ausatmung, ich und die anderen, werden in eine schöpferische Einheit gebracht. Die Welt der Erscheinungen wird aufrechterhalten durch die inneren Funktionsweisen von Aiki; wenn dieses empfindliche Gleichgewicht gestört wird, gibt es Chaos, Zerstörung und Tod.

Morihei lehnte sich in seiner Aikidō-Kosmologie an das Omoto-kyō an. Die Vereinigung von Ki und Atemtechnik übernahm er von Sōkaku. Die *Kokyū-hō*-Techniken des Daitō-ryū waren ein streng gehütetes Geheimnis; wenn man einmal in der Lage war, sein *Ki* mit dem Atem zu koordinieren, konnte man ein hervorragender Krieger werden. (Hier soll erwähnt werden, daß *Ki* und *Kokyū* neutrale Kräfte sind, die sich jeder nutzbar machen kann, unabhängig von der jeweiligen moralischen oder geistigen Haltung des einzelnen. *Aiki-Jutsu* und *Kiai-Jutsu*, die Kunst, einen Gegner mit der Kraft von *Ki* und *Kokyū* zu besiegen, sollte klar unterschieden werden von Aikidō, dem Weg spirtueller Integration und Liebe.)

Vor den Übungsstunden setzte sich Morihei einige Zeit ganz ruhig vor den Shintō-Altar, um sein *Ki* und *Kokyū* in Einklang zu bringen mit der rhythmischen Energiestruktur des Universums. Entweder sprach er ein Kotodama oder atmete die Ursilben *a* und *un* ein und aus, die das Alpha und Omega unseres Lebens symbolisieren. Kurz gesagt strebte Morihei — und im Grunde alle Aikidōka — nach der Vereinigung von Körper-Geist-*Ki-Kokyū*. Wenn man mit dem dynamischen Rhythmus des Universums verbunden ist, kann man sich überall und jederzeit ohne Widerstand bewegen — das ist der wesentliche Aspekt des Aikidō.

Verbinde dich
mit *Ki*,
stehe im Zentrum,
kläre deinen Geist,
und laß dich von göttlichen Schwingungen umhüllen.

Die wunderbare Wirkung von *Ki*
bringt Techniken hervor
zur Reinigung von Körper und Geist.
Führt uns,
o Götter des Himmels und der Erde!

Morihei erklärt die Geheimnisse des *Ki*: »Strecke deine Fingerspitzen aus, und lasse dein *Ki* bis ans Ende des Universums fließen.«

Meistere die göttlichen
Techniken des *Ki*,
und kein Feind
wird es wagen,
dich herauszufordern.

Moriheis ausgereifte Philosophie läßt sich in dem Ausdruck *Takemusu Aiki* zusammenfassen.

»Beim Lesen von Texten aus dem Shintō entdeckte ich, daß *Takemusu* der Kern des japanischen Budō darstellt — absolut frei und auf unendliche Weise veränderbar. Das Allgemeine und das Besondere wirken in *Takemusu Aiki* in vollkommener Harmonie.«

Take, das auch Bu ausgesprochen wird, bedeutet »kriegerischer Heldenmut«. Morihei lehrte, daß Weisheit, Kühnheit, Mitgefühl und Liebe alles Bestehende fördert und beschützt. *Musu* ist abgeleitet von *musubu*, der Zeugungskraft des Lebens — fruchtbar, lebensspendend, unerschütterlich produktiv. Zusammengefaßt steht *Takemusu Aiki* für die grenzenlose Kreativität des Aikidō.

»Aiki ist keine Kunst, mit der man kämpft oder einen Feind besiegt. Es ist ein Weg, auf dem alle Menschen in eine Familie zusammengeführt werden. Das Wesen des Aikidō besteht darin, sich mit den Kräften des Universums in Einklang zu bringen, eins zu werden mit dem Universum. Wer die innere Bedeutung des Aikidō erfaßt hat, hat das Universum in sich aufgenommen.

Unabhängig davon, in welcher Geschwindigkeit ein Gegner angreift oder ich darauf reagiere, kann ich niemals besiegt werden. Es geht nicht darum, daß ich meine Techniken schneller ausführe als mein Gegner. Es hat nichts mit Geschwindigkeit oder Reaktion zu tun. Ich siege bereits von Anfang an. Sobald der Gedanke an einen Angriff den Geist meines Gegners berührt, zerstört er die Harmonie des Universums und wird sofort besiegt, egal wie schnell er angreift. Sieg oder Niederlage sind keine Frage der Zeit oder des Raums.

Aikidō ist das Prinzip der Widerstandslosigkeit. Weil wir keinen Widerstand leisten, sind wir von Anfang an die Sieger. Gegner mit bösen Absichten oder streitsüchtigen Gedanken werden sofort überwältigt. Wahres Budō ist unbesiegbar, weil es mit nichts und niemandem im Widerstreit liegt.«

Später hat Morihei *ai* (Harmonie, Einheit) gleichgesetzt mit dem ebenfalls *ai* ausgesprochenen Wort für »Liebe«.

»Vor allen Dingen müssen wir unser Herz mit dem der Götter vereinigen. Das Wesen von Gott ist Liebe, eine allumfassende Liebe, die jeden Winkel des Universums erreicht. Wenn man nicht mit Gott vereint ist, kann das Universum nicht vereint werden. Meister der Kampfkünste, die nicht mit dem Universum in Einklang sind, führen bloß Kampftechniken aus, aber kein *Takemusu Aiki*.

Der Weg ist wie das Strömen des Blutes in den Adern. Wenn du nur um Haaresbreite abweichst von dir selbst und dem Göttlichen Geist, befindest du dich nicht mehr auf dem Pfad des *Aiki*.

Wahres Budō kennt keine Feinde. Wahres Budō ist

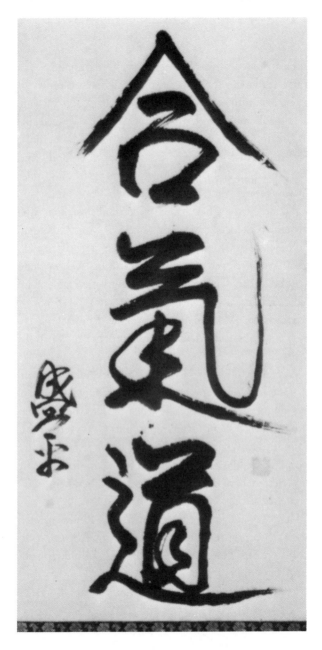

Wie die meisten fernöstlichen Meister hinterließ Morihei ein bedeuten-
des Erbe in der Form von Kalligraphien. »Kalligraphie ist der Mensch
selbst«, lautet ein berühmter Spruch, und der Glaube, daß man in seinen Pinselwerken lebt, ist in Ostasien weit verbreitet. Morihei fertigte

zahlreiche Stücke, um seine Schüler zu inspirieren und zu unterweisen.
Natürlich schrieb er auch »Aikidō« (*li.*) — eine solche Kalligraphie
hängt ständig im Hombu-Dōjō —, aber im allgemeinen schenkte
Morihei seinen besten Schülern Kalligraphien von »Aiki Okami« (*o.*)

und »Takemusu Aiki« (o.). *Aiki ōkami* und *Takemusu* sind der Ursprung des Aikidō, und wir können uns denken, daß Morihei seine Schüler anwies, hinter die Form zu schauen und den Geist zu begreifen. Wenn Morihei ein Dōjō besuchte, zeichnete er oft ganz spontan kleinere Kalligraphien.

(u.:) »Die Einzigartigkeit des *bu*«. Bemerkenswert ist, daß Morihei sehr häufig seine Werke mit *Aiki Jinja* signierte, so als hätte er sich vollständig mit diesem Schrein identifiziert. Die Arbeiten links und oben datieren aus der Zeit, als Morihei etwa 70 Jahre alt war; er verwendete damals den Namen ›Tsunemori‹; die beiden anderen Beispiele etwa zehn Jahre später signierte er mit ›Morihei‹.

Liebe. Es ist nicht da, um zu töten oder zu kämpfen, sondern Budō fördert und verwirklicht alles Bestehende. Liebe beschützt und erhält das Leben. Ohne Liebe können wir nichts erreichen. Aikidō ist Ausdruck der Liebe.«

Wunderbare Form
des Himmels und der Erde —
liebevoll geschaffen
von dem Erhabenen Gott,
dem Vater der Menschheit.

Wenn Morihei von Gott sprach, bezog er sich auf Ame-no-minaka-nushi, den Schöpfer des Universums, des Höchsten Wortes im Mittelpunkt des großartigen kosmischen Strömens. Im Gegensatz zu den einfacheren Formen fundamentalistischer Theologie in Ost und West, in der man sich Gott vorstellt als etwas irgendwo »da draußen«, sei es nun im Paradies oder im gelobten Land, vertritt Morihei eine Gottesauffassung, bei der Gott verstanden wird als etwas »hier drin«, eine heilige Flamme innerhalb des eigenen Körpers. Moriheis Aikidō ist insofern eine Form von Pantheismus, denn es durchbricht die künstlichen Grenzen zwischen Göttern und Menschen, zwischen der Seele des Individuums und der Welt-Seele, zwischen Leerheit und Form.

Morihei sprach oft davon, »auf der gleißenden Himmelsbrücke zu stehen zwischen der physischen und der spirituellen Welt«. Im Aikidō wird die Unterscheidung zwischen den drei Welten — der Erscheinungs-, der verborgenen und der göttlichen Welt — aufgehoben; alle drei Bereiche werden zugänglich gemacht. (Die Erscheinungswelt ist die Welt der Formen vor unseren Augen; die verborgene Welt sind die unsichtbaren Energiefelder und Atome; die göttliche Welt ist die Quelle der Inspiration und der Erleuchtung.)

Neulinge im Aikidō können erst einmal nichts anderes wahrnehmen als die sichtbaren Techniken (und viele kommen niemals über dieses Stadium hinaus); erfahrenere Aikidōka können schließlich die verborgenen Elemente von *Ki, Kokyū* und *Aiki* erkennen. Morihei war in der Lage, die göttlichen Merkmale der Bewegungen wahrzunehmen und somit das Gegenständliche, Verborgene und das Göttliche in einer Kunst miteinander zu verknüpfen, die schön, wahrhaftig, nützlich und wunderbar ist.

Kurz vor seinem Tod zeichnete Morihei in einer Kalligraphie eine Zusammenfassung des Aikidō:

»Manifest, verborgen, göttlich: drei Welten [offenbaren sich] durch den Pfad der Liebe.«

Wenn wir tagtäglich ernsthaft und im Geist von *Aiki* üben, können vielleicht auch wir teilnehmen an dieser großartigen Vision im Paradies dieser drei Welten und den unauslöschlichen Pfad der Liebe beschreiten.

4

Betrachten wir nach der Darstellung der Philosophie Moriheis nun Aikidō im Kontext der traditionellen Kampfkünste.

Der Aggressionstrieb im Menschen hat dazu geführt, daß von altersher gekämpft und Krieg geführt wurde. Der angeborene Selbstschutz- und Selbsterhaltungstrieb hat andererseits dafür gesorgt, daß verschiedene Künste zur Selbstverteidigung entstanden sind. Der Traum von einem Leben in Frieden und Harmonie zwingt die Krieger dazu, einen Weg aus Tod und Zerstörung zu suchen.

Sowohl im Westen als auch im Osten waren sich kritische Menschen schon immer darüber im klaren, daß Kämpfen und Töten etwas Verwerfliches ist. »Stecke dein Schwert an seinen Ort! Denn wer das Schwert nimmt, der soll durchs Schwert umkommen« (Matt. 26, 52) sagte Jesus vor fast 2.000 Jahren. Das alte chinesische Schriftzeichen für »kriegerisch« bedeutet, wenn man es in seine Bestandteile aufschlüsselt: »Zwei Schwerter anhalten« — das heißt, Gewalt zu unterbinden und Frieden zu schaffen.

Selbst im von Kriegen zerrissenen Japan des Mittelalters, als die meisten Krieger im Kampf an nichts anderes dachten, als einen Gegner durch einen entscheidenden Hieb mit einer scharfen Klinge zu töten, gab es andererseits weitblickende Samurai, die erkannten, daß der WEG des Schwertes nicht im Töten besteht. Man erzählt sich beispielsweise die Geschichte über Bokuden Tsukahara, einen Schwertmeister, die auch von Morihei in seinem Buch *Budō Renshū* erwähnt wird.

Eines Tages befand sich Bokuden zufällig auf einem kleinen Fährboot, als ein anderer Schwertkämpfer anfing, mit seiner Stärke zu prahlen. Der Angeber wollte gar nicht mehr aufhören, während Bokuden mittlerweile eingeschlafen war. Das verärgerte den anderen Schwert-kämpfer dermaßen, daß er Bokuden wachrüttelte und wissen wollte, welchen Stil er praktiziere. Als Bokuden erwiderte: »Die ›Sieg-ohne-die-Hände-zu-benutzen-Schule‹«, forderte der kampflustige Flegel Bokuden auf, ihm diese Techniken zu zeigen. Bokuden willigte zwar ein, schlug aber vor, an einer Insel Halt zu machen, um dort den Kampf zu führen, damit die anderen Passagiere nicht verletzt würden. Das Fährboot machte also einen Umweg und steuerte eine nahegelegene Insel an. Sobald das Boot das Ufer erreicht hatte, sprang der eingebildete Schwertkämpfer aus dem Boot, zog sein Schwert und nahm seine Kampfstellung ein. Bokuden stand ebenfalls auf und tat so, als ob er seinem Gegner folgen würde. Plötzlich schnappte er sich aber ein Ruder und stieß das Boot geschwind zurück in den Fluß. Dann rief er zu dem gestrandeten Schwertkämpfer hinüber: »So besiegen wir einen Feind, ohne unsere Hände zu benutzen!«

Morihei identifizierte sich zwar mit Bokuden, aber wie viele andere Meister der Kampfkünste hielt er nicht sehr viel von dem sagenumwobenen Miyamoto Musashi. Trotz dessen ungeheurer Popularität als Volksheld trug sich Musashi durch seine Rücksichtslosigkeit, sein unbändiges Verhalten und seine Mißachtung des Feingefühls einer höflichen Samurai-Gesellschaft einen fragwürdigen, ja sogar üblen Ruf bei konservativen Meistern der Kampfkünste ein. In seiner Jugend war Musashi nur darauf aus, um jeden Preis zu gewinnen. Er war sicherlich ein unübertroffener Stratege, der über phantastische Techniken verfügte, aber es gehört schon sehr viel mehr zum WEG des Schwertes, wie er später selbst erkannte, als einfach nur seinen Gegner abzuschlachten.

Musashi zog sich aus dem Schlachtfeld zurück und widmete sich ganz der Suche nach etwas, was über das Gewinnen und Verlieren hinausginge. Kurz vor seinem Tod wurde Musashi gebeten, dem Herrscher von Kumamoto zu dienen. Ein paar Tage nach seiner Ankunft forderte ihn ein Yagyū-Meister zu einem Wettkampf heraus. Musashi lehnte trotz wiederholter Bitten hartnäckig ab und sagte: »Die Tage, an denen ich mich in Wettkämpfen maß, gehören schon lange der Vergangenheit an. Ich habe kein Verlangen mehr, mit anderen zu kämpfen.«

Schließlich gelang es Musashis Herrn, dem Herrscher von Kumamoto, ihn zur Einwilligung zu bewegen. Musashi stimmte also unter der Bedingung zu, daß nur der Yagyū-Schwertmeister und der Herrscher bei dem Kampf anwesend sein dürften, und daß alle Beteiligten sich bereit erklärten, über das Ergebnis des Kampfes nichts verlauten zu lassen.

Als sie schließlich aufeinandertrafen, zwang Musashi seinen Gegner zum Rückzug, indem er einen durchdringenden Schrei und eine unbezwingbare Vorwärtsbewegung einsetzte, die eine Gegenreaktion völlig unmöglich machten. Der Yagyū-Schwertkämpfer versuchte es noch zwei weitere Male, aber vergeblich. Selbst der Herrscher versuchte sein Glück, aber auch er wurde vollkommen matt gesetzt. Musashi schlug den beiden nun aber nicht den Schädel ein, wie er es früher ohne zu zögern getan hätte, sondern er hielt sie mit seiner überragenden *Ki*-Kraft in Schach, und sowohl er als auch seine Herausforderer gingen unverletzt aus dem Kampf hervor. (Trotz der vereinbarten Geheimhaltung sickerten später Einzelheiten des Kampfes nach draußen.)

Aber der Geruch des Blutes hing noch in der Luft. Musashi und ein Zenmeister praktizierten einmal eines späten Abends Zazen, und zwar in Reigandō, einer Höhle, in die sich Musashi in seinen letzten Lebensjahren zurückgezogen hatte. Da tauchte eine riesige Giftschlange in der Höhle auf, schlängelte sich über den Schoß des Zenmeisters und glitt auf Musashi zu. Doch plötzlich stellte die Schlange sich alarmiert auf, hielt für eine Sekunde inne und verließ dann blitzschnell und fast panikartig die Höhle. Obwohl Musashi sich keineswegs bedrohlich verhalten hatte, muß die Schlange wohl einen Schlächter in ihrer Nähe gespürt haben.

Musashi repräsentiert das »tötende Schwert«, das sich auszeichnet durch eiserne Entschlossenheit und eine gelassene Inkaufnahme des Todes. Man nennt dies auch den »Körper eines Felsens«. Musashi war stolz auf seinen dreiundzwanzigjährigen Adoptivsohn, der beschlossen hatte, *Seppuku* (»Harakiri«) zu begehen, um seinem verstorbenen Herrscher in den Tod folgen zu können. Er rühmte auch einen Diener des Herrschers von Kumamoto, der gelassen den (mißverstandenen) Befehl seines Herrn ausführte und sich den Bauch aufschlitzte.

Musashi mag vielleicht das Gebot veranschaulicht haben, die Pflicht eines Samurai bestünde darin, »zu lernen, wie man stirbt«, aber andere lehnten dieses Prinzip rigoros ab und konzentrierten sich vielmehr auf die lebensspendenden Kräfte des Budō.

Die Yagyū-Schule sprach sich für das »lebensspendende Schwert« aus; Morihei hat sowohl Prinzipien als auch Techniken dieser Schule in seine Lehre integriert. In *Heihō Kadenshō* schrieb Yagyū Munenori: »Nach jahrelanger Übung und Disziplin muß man alles vergessen, was man gelernt hat. Man muß sich ganz loslassen, erst dann können sich die Techniken frei entfalten. In einem Geist, der nirgendwo verhaftet ist, hat das Böse keinen Platz. Wir müssen zu dem werden, was wir gelernt haben, wir müssen über Erinnerung und intellektuelles Verständnis hinausgehen — das ist das Geheimnis, mit dem man jede Kunst meistert.«

Ähnlich erklärte Morihei: »Wenn ich Aikidō praktiziere, vergesse ich mich selbst — alles Ego verschwindet.«

Die Schwerttechniken (*Tachi-dori*) im Aikidō gehen zurück auf die »Ohne-Schwert-Methoden« des Yagyū, bei denen man einem Schwertkämpfer unbewaffnet begegnet. Der Tokugawa-Shōgun Ieyasu bat einmal

Yagyū Muneyoshi, die »Ohne-Schwert-Techniken« vorzuführen. Muneyoshi, der unbewaffnet erschien, zeigte dem Shōgun, wie er mit seinem Schwert angreifen sollte. Ieyasu holte zu einem Hieb auf Muneyoshis Kopf aus, aber blitzschnell wich dieser dem Schlag aus, packte den Griff des Schwertes, nahm dem Shōgun die Waffe ab und versetzte ihm dann einen leichten Schlag auf die Brust, der Ieyasu zurücktaumeln ließ. »Wirklich sehr beeindruckend«, rief der verdutzte Shōgun aus.

Die Yagyū-Schule vertrat die Auffassung, daß Waffen nur in den extremsten Situationen, und selbst dann nur als Instrumente göttlicher Vergeltung angewendet werden dürfen. Wer es wagte, einen erleuchteten Krieger anzugreifen, fiel — geführt durch seine eigene Verblendung und mangelnde Selbstbeherrschung — von selbst in die Schneide des gegnerischen Schwertes.

In diesem Zusammenhang möchte ich noch die Geschichte von Yagyū Mitsuyoshi (Jūbei) erzählen, dem anderen Schwertkämpfer, den Morihei in seinem *Budō Renshū* erwähnt. Eines Tages wurde Mitsuyoshi im Hause eines Herrschers von einem anderen Schwertkämpfer zum Wettkampf aufgefordert. Sie kämpften zwei Mal mit Bambusschwertern, und beide Kämpfe endeten offenbar mit *Ai-uchi*, einem Unentschieden, weil beide gleichviel Hiebe ausgeteilt hatten.

Mitsuyoshi fragte seinen Gegner: »Bist du dir über das Ergebnis dieser beiden Kämpfe im klaren?«

»Sie waren beide unentschieden«, antwortete der Schwertkämpfer stolz.

Mitsuyoshi bat den Herrscher um seine Einschätzung.

»Beide Kämpfe sind offenbar unentschieden ausgegangen.«

Ein wenig aufgebracht beschwerte sich Mitsuyoshi: »Versteht denn keiner von euch, was tatsächlich geschehen ist?«

Mitsuyoshis Gegner, der überzeugt war, den Yagyū-Meister ins Unentschieden gebracht zu haben, schoß zurück: »Wenn du so sicher bist, daß es kein Unentschieden war, dann laß uns doch einen dritten Kampf ausfechten — aber dieses Mal mit richtigen Schwertern.«

»Setze dein Leben nichts aufs Spiel«, erwiderte Mitsuyoshi scharf. »Das ist es nicht wert!«

Der erboste Schwertkämpfer, dessen Stolz empfindlich verletzt war, bestand aber weiterhin auf einen Kampf.

»Einverstanden«, seufzte Mitsuyoshi. »Du sollst deinen Willen haben.«

Sie sprangen aufeinander zu, und ihre blitzenden Klingen schienen zur selben Zeit ihr Ziel zu treffen. Mitsuyoshi aber blieb aufrecht stehen, nur sein Kimono hatte an der Außenseite einen kleinen Riß, während sein Gegner mit einer klaffenden Wunde quer über seinem Körper tot zu Boden fiel.

»Welch eine Verschwendung!« bemerkte Mitsuyoshi traurig.

Der Erbe des »lebensspendenden Schwertes« im 19. Jahrhundert war Tesshū Yamaoka, der Gründer des Mutō-ryū, der »Ohne-Schwert-Schule«. Dieser erstaunliche Mann — ein hervorragender Meister der Kampfkünste, ein Meister der Kalligraphie und Zenmeister zugleich — ist vielleicht Moriheis einziger Rivale als Japans größter Budōka. Auch Tesshū wußte: »Rechter Geist — rechte Technik«, und ähnlich wie Morihei legte er sehr viel mehr Wert auf den spirituellen als auf den technischen Aspekt in der Kunst des Schwertes. Neulingen in Tesshūs Shumpukan-Dōjō sagte er gleich zu Beginn: »Das Ziel der Schwertkunst des Mutō-ryū besteht nicht darin, Wettkämpfe durchzuführen oder andere zu besiegen; das Training in meinem Dōjō ist dazu da, Erleuchtung zu fördern, und dafür müßt ihr bereit sein, euer Leben aufs Spiel zu setzen. Greift mich an, wie ihr wollt. Haltet euch nicht zurück!« Wenn der Neuling dann, meist durch einen gewaltigen Hieb, am Boden lag, rief Tesshū: »Steh' auf, und greif mich noch einmal an!« Und das ging immer so weiter, bis der Kandidat vor Erschöpfung zusammenbrach. Tesshū wiederholte diese Behandlung manchmal eine ganze Woche lang, um die Willenskraft eines zukünftigen Schülers zu testen. Technische Fähigkeiten zählten überhaupt nicht — selbst einer der besten Shumpukan-Schwertkämpfer war so unkoordiniert, daß er nicht einmal sein Schwert geradlinig führen konnte —, und wenn der Kandidat eine starken Geist bewiesen hatte, wurde er zum Studium an der Schule zugelassen. Tesshū verkündete: »Ohne Willenskraft wird man nie vorankommen . . . Die Technik hat zwar ihren Stellenwert, aber das geistige Element in unserer Erziehung ist viel wichtiger.«

Hier folgen nun ein paar Dōka von Tesshū:

Wenn du deinen Geist
nicht in deine
Hände legst,
werden alle Techniken der Welt
wertlos sein.

Nimm vor dem Schwert eines Gegners
keine Haltung ein,
und lasse deinen Geist unbewegt;
so wirst du
den Sieg erringen.

Die Kunst des Schwertes:
ich werde nicht geschlagen,
und auch mein Gegner wird nicht getroffen;
ungehindert trete ich ein
und erreiche das Höchste.

Wo Schwerter sich kreuzen,
mache dich frei von Illusion;
gib dich selbst auf,
und du wirst
den lebendigen Pfad beschreiten.

Tesshū und Morihei sind einander nie begegnet, denn
Tesshū starb, als Morihei fünf Jahre alt war. Jedoch hatte
Morihei Kontakt zu mehreren Schülern des Mutō-ryū
und übernahm sehr wahrscheinlich einiges von Tesshūs
Lehre. (Es ist auch sehr gut möglich, daß Sōkaku und
Tesshū sich begegnet sind. Einige Meister, wie beispiels-

weise der verstorbene Kazutō Ishida, studierten sowohl das Daitō- als auch das Mutō-ryū. Aikidōmeister Kōichi Tōhei war ebenfalls eine Zeitlang Schüler von Tetsuju Ogura, einem Schüler Tesshūs. Tesshū wurde auch als einer der Helden der Schwarze-Drachen-Gesellschaft gefeiert, mit denen Morihei in der Vorkriegszeit eine lose Verbindung hatte. Eine solche Verherrlichung durch diese ultranationalistische Organisation ist ein wenig merkwürdig, denn Tesshū war dafür berühmt, den Kaiser Meiji auf sein Hinterteil befördert zu haben, als dieser einmal in einem etwas angetrunkenen Zustand Tesshū in einen Ringkampf verwickeln wollte. Tesshū hat nicht gezögert, dem Staatsoberhaupt in der Öffentlichkeit eine Lektion zu erteilen.

(*Re.:*)Dieses offizielle Portrait Moriheis ähnelt einem *chinzo*, dem Gemälde eines buddhistischen Patriarchen, bei dem versucht wird, den Geist und nicht so sehr die äußere Erscheinungsform des Lehrers zu portraitieren. Ganz typisch ist eine Inschrift, die das Lebenswerk des Meisters zusammenfaßt und die sehr deutlich offenbart, wie er sich selbst sah: »Haya-Takemusu-Okami, Ame-no-murakumo-kūki-samuhara-ryū-ō. Katsu-hayabi-kōka. Aiki Tsune-mori«. Man müßte noch ein zweites Buch schreiben, wollte man die Bedeutung der einzelnen Worte genau ausdeuten. Vereinfacht liest es sich so: Morihei ist der Bote des Gottes Takemusu, der unverzüglich handelt, um Unrecht wieder auszugleichen. Morihei wurde von diesem Gott auserkoren, als lebendiges Wesen auf die Erde zu kommen, um die Dinge entsprechend der ewigen Fülle des Aiki wieder richtigzustellen, und er wird beschützt von dem Erhabenen Drachenkönig (eine Metapher für die Naturkräfte, die man unter seine Kontrolle gebracht hat). Morihei hatte eine Mission. Er sollte die materielle, die spirituelle und die göttliche Welt durch Takemusu Aiki vereinen; er war der ewig Siegreiche, weil er auf Masakatsu-agatsu vertraute: »Wahrer Sieg ist Sieg über sich selbst«.

226

Trotz vieler Parallelen gab es aber andererseits bedeutende Unterschiede zwischen den beiden Meistern. Tesshū war ja überzeugter Buddhist und weitgehend verantwortlich dafür, daß der japanische Buddhismus in der Zeit der Verfolgung und dem Wiederaufleben des Shintō in den ersten Tagen der Meiji-Regierung überleben konnte.

Tesshūs lebendiger Zen-Buddhismus ist viel zugänglicher und leichter nachzuvollziehen als Moriheis etwas abstruses esoterisches Denken, das selbst der passionierteste Aikidōschüler kaum verdauen, geschweige denn auch nur annähernd begreifen kann. (Morihei hat aber auch niemals verlangt, daß seine Anhänger seine persönlichen Überzeugungen akzeptierten, im Gegenteil: »Ahmt mich nicht nach!«) Tesshū ist für viele aufgrund seiner Offenheit für alle Bereiche des Lebens, seiner uneingeschränkten Nächstenliebe und seiner dynamischen Lehrmethoden eine weitaus attraktivere Persönlichkeit als der launische, überempfindliche und pingelige Ueshiba Morihei.

Auf der anderen Seite war Tesshū nicht in der Lage, sein fast unerträglich strenges »Schwert ohne Schwert« weiterzugeben, und tatsächlich endete das Mutō-ryū dann auch mit seinem Tod. Im Gegensatz dazu ist Moriheis Aikidō universal anwendbar. Aikidō ist als Kampfkunst in der ganzen Welt anerkannt.

Ich möchte es so ausdrücken: Tesshū lehrt den Budōka, wie man »ganzheitlich« lebt, und Morihei, den Gegner »in sein liebendes Herz zu schließen«.

5

Vielleicht ist es nicht ganz unrichtig, Morihei als Avatar (lebendige Verkörperung) des Großen Aiki-Gottes zu bezeichnen, der zu uns gekommen ist, um uns den Weg der Harmonie zu offenbaren. Wie jeder von uns hatte Morihei etwas Menschliches und etwas Göttliches an sich. Die irdischen, unvollkommenen Elemente schwanden mit seinem Tod dahin, aber die göttlichen Aspekte bleiben uns in der Form des Aikidō erhalten.

Morihei hat für uns einen Weg eröffnet, einen Weg, den man sowohl in physischer als auch in spiritueller Hinsicht beschreiten kann. Aber jeder von uns muß diesen Weg alleine gehen, und jeder muß seine eigene Richtung wählen: »Aikidō ist ein Kompass.«

Der Weg der Harmonie ist allumfassend, gleichzeitig aber auch sehr steil. Kurz vor seinem Tode gestand Morihei traurig: »Ich habe mein Leben eingesetzt, um diesen Weg aufzuzeigen, aber wenn ich zurückblicke, sehe ich niemanden, der mir folgt . . .« Der beklagenswerte Mangel an Einigkeit unter den Aikidōka und das ständige Hickhack, wer nun das »richtige« Aikidō lehrt, ist ziemlich entmutigend. Es gibt erschreckend viele törichte Menschen, die das Wesen des Aikidō durch brutale Gewalt verzerren und mit ihren boshaften Zungen Unstimmigkeit schüren. Moriheis Lehre wird leider heute immer noch mißbraucht und verzerrt.

Trotz zahlloser Hindernisse und Rückschläge jedoch und trotz physischer und geistiger Schranken wird, wenn wir ernsthaft üben und uns mit einem reinen Geist zwischen die widerstreitenden Kräfte stellen, früher oder später der Weg, den der Gründer für uns eröffnet hat, aus der Dunkelheit und Verzweiflung auftauchen und uns im ruhigen, klaren Licht des Aiki zur Harmonie führen.

Bibliographie

Hauptsächlich habe ich folgende Quellen über das Leben von Morihei Ueshiba benutzt:

Kisshōmaru Ueshiba, *Aikidō kaisō Ueshiba Morihei den* ('Die Biographie des Aikidō-Gründers Ueshiba Morihei'), Kōdansha 1977. Dies ist die »offizielle« Biographie, verfaßt von Moriheis Sohn und Nachfolger.

Kisshōmaru Ueshiba, *Aikidō kaisō* ('Der Gründer des Aikidō'), Kōdansha 1983. Illustrierte Biographie voll von faszinierenden Photos aus allen Phasen von Moriheis Laufbahn anläßlich seines hundertsten Geburtstages.

Kisshōmaru Ueshiba, *Aikidō shintai* ('Die Wahrheit über Aikidō'), Kōdansha 1986. Ausführliches Werk mit vielen neuen Informationen.

Kisshōmaru Ueshiba, *The Spirit of Aikidō*, Kōdansha 1984.

Aikidō Shimbun (Zschr.), Aikikai Hombu-Dōjō, Tōkyō.

Morihei Ueshiba, *Budō Renshū*, Nachdruck 1978 der priv. Ausgabe 1933, Tōkyō 1978.

Morihei Ueshiba, *Budō*, Privatdruck 1938.

Kanemoto Sunadomari, *Bu no shinjin* ('Ein heldenmutiger Krieger'), Tama Publishing, Tōkyō 1969. Darstellung von Moriheis Leben aus der Sicht des Omotokyō.

Hideo Takahashi (Hg.), *Takemusu aiki*, Seinen Aikidō Dōkō Kai, Ichikawa 1976.

Aiki News (Zschr., engl./jap.), Tōkyō.

Aiki Magazine (Zschr., jap.), Tōkyō.

Zusätzlich zu den oben genannten Veröffentlichungen, die alle mehr oder weniger das gleiche Material in verschiedenen Versionen beinhalten, stütze ich mich ausgiebig auf mündliche Informationen verschiedenster Personen, die nicht genannt sein wollen. So ist dieses Buch eine Zusammenfassung dessen, was ich gelesen, gehört und gesehen habe und meine pesönliche Darstellung Morihei Ueshibas und der Kunst des Aikidō. Alle Übersetzungen aus dem Japanischen stammen von mir.